기독교대한성결교회

신앙고백서 및 교리문답서

사랑마루

신앙의 가치관을 중심으로

사람이 사는 세상에서 사람들이 집단을 형성하는 것은 동서고금을 막론하고 자연스러운 현상이었습니다. 사람들이 서로 모이게 만드는 힘 또는 끈은 여러 가지입니다. 가장 기본적인 것이 혈연과 지연입니다. 사람이란 존재는 누구도 여기에서 자유로울 수 없습니다. 내가 태어난 고향과 그것을 중심으로 형성되는 정신적 사회적 관계는 평생 그 사람에게 영향을 끼칩니다. 가문이나 문화권에 따라서 차이가 존재하기는 하지만 내가 존재하게 된 혈연의 관계는 사는 내내 나를 이끌어가는 힘이기도 하고 결코 떠날 수 없는 굴레 같은 것이기도 합니다. 기독교 신앙에는 혈연과 지연을 넘어서라는 하나님의 명령이 포함돼 있습니다. 아니, 포함된 정도가 아니라 기독교 신앙의 토대요 근간입니다. 하나님께서 아브라함을 부르실 때 이 명령이 기본적인 전제조건입니다. 창세기 12장 1절 말씀을 보십시오.

"여호와께서 아브람에게 이르시되 너는 너의 고향과 친척과 아버지의 집을 떠나 내가 네게 보여 줄 땅으로 가라."

이 명령에 2절과 3절에 있는, 복이 되는 것과 복을 베푸는 것이 걸려 있습니다. 요점은 떠나라는 것인데 두 가지입니다. 고향은 지연입니다. 친척과 아버지의 집은 혈연입니다. 하나님께서는 사람으로서 거의 불가능한 것을 떠나라고 말씀하십니다. 혈연과 지연 외에 사람들의 집단을 형성하는 끈이 학연, 계층, 세대 등이 있습니다. 이런 것들을 넘어서서 가장 근원적인 가치를 중심으로 모이고 살라는 것이 하나님의 명령입니다. 그러면, 가장 근원적인 그것이 무엇인가요? 하나님의 말씀입니다. 거기에 나타난 하나님의 뜻입니다. 그러니까 하나님 말씀의 가치를 중심으로 헤쳐모이라는 것입니다. 이런 구조는 신약성경에서도 명백합니다. 사람이 되신 하나님께서 삶으로 보여주시고 말씀으로 가르쳐주신 것이 혈연과 지연을 넘어서서 거룩한 하늘의 말씀을 중심으로 살라는 것입니다. 예수 그리스도께서 주신 말씀 가운데 가장 최종적인 명령이 마태복음 28장 18~20절에 기록돼 있습니다.

"예수께서 나아와 말씀하여 이르시되 하늘과 땅의 모든 권세를 내게 주셨으니 그러므로 너희는 가서 모든 민족을 제자로 삼아 아버지와 아들과 성령의 이름으로 세례를 베풀고 내가 너희에게 분부한 모든 것을 가르쳐 지키게 하라. 볼지어다, 내가 세상 끝 날까지 너희와 항상 함께 있으리라 하시니라."

이 본문을 세 문단으로 나누어 배치했습니다. 앞부분 18절의 권세에 관한 말씀과 뒷부분인 20절 후반의 동행에 관한 말씀은 가운데 부분을 감싸줍니다. 마치 아버지나 어머니가 두 손으로 작은 아이의 얼굴을 감싸주는 것 같다고 보면 좋습니다. 가운데 부분의 요지는 하나님의 말씀을 삶으로 살아내라는 것입니다. 제자는 말씀에 순명(殉命)하는 사람입니다. 세례는 말씀의 약속과 그 안의 삶으로 들어가는 문입니다. 말씀을 지키도록 가르치며 지킬 때까지 가르치는 것이 중요합니다. 말씀이 삶이 되게 하는 것입니다. 그러면 말씀대로 살아야 하는 사람이 누구입니까? 모든 민족입니다. 그 어떤 차별도 없습니다. 혈연, 지연, 피부색, 인종, 학력, 성별, 계층, 종교 등 그 어떤 것도 말씀을 받고 사는 일에 차별이 될 수 없습니다. 기독교 신앙은 사람 삶과 그 역사에 존재하는 모든 종류의 차별과 억압을 극복해 왔습니다. 우리나라에 기독교 신앙이 처음 들어와서 교육과 의료와 각종 사회 계몽에 애쓴 일들이 그런 것들입니다. 기독교 신앙에서 사람의 인격적 존엄성이 분명하게 드러납니다. 이 모든 것의 중심에 유일하고 완결된 삼위일체 하나님의 계시인 66권 성경 말씀이 있습니다.

신앙고백서와 교리문답서는 일반적인 용어로 말하면 가치를 선언하는 문서입니다. 신앙적으로 말하면 성서에 근거한 신앙의 고백과 선언이며 그것을 가르치는 기본 문서입니다. 기독교 역사에 여러 가지 신앙고백서와 교리문답서가 존재했습니다. 이런 문서들은 그 시대의 문화권과 역사 흐름에서 공적인 영역에서 기독교의 가치를 드러냈습니다. 우리 교단에서 114년차 총회 기간에 신앙고백서와 교리문답서가 작성된 것은 기쁘고 감사한 일입니다. 한기채 전 총회장님이 좋은 구상을 갖고 많이 수고하셨습니다. 관련 위원회의 위원들께서 많이 애쓰셨습니다. 이 문서가 제115년차 교단 총회에서 공식으로 받아들여지면서 총회는 계속되는 논의와 소통을 거쳐서 명실상부한 교단의 가치관으로 자리 잡게 하자고 결의했습니다.

어느 집단이나 공적인 가치가 분명할 때 건강하고 발전합니다. 혈연과 지연을 중심한 여러 가지 사적인 이해관계가 공적인 가치관이나 대의명분보다 앞서면 그 집단이 약해지고 병들고 타락합니다. 한국 교회의 갱신이 절실합니다. 누구나 인정합니다. 하나님의 말씀에 근거하여 공교회의 가치관을 분명하게 세워가는 것이 갱신과 개혁의 길입니다. 이번에 발간되는 신앙고백서 및 교리문답서가 이런 길로 향하는 큰 한 걸음이기를 간절히 기도합니다. 앞으로 계속될 교단 내의 깊은 기도와 진지한 논의를 통해서 이 문서가 더욱 깊어지기를 바랍니다. 하나님의 말씀에 터를 둔 바른 신학으로써 우리 교단이 한국 교회와 우리 사회, 21세기의 세계 기독교와 동아시아 및 오늘의 세계를 건강한 지도력으로 이끌어가기를 기도합니다.

주후 2021년 8월 15일 그리스도 안에서
기독교대한성결교회 제115년차 총회장 지형은 목사

성결교단의 새로운 부흥을 추동하며

기독교대한성결교회는 선교 단체였던 동양선교회(Oriental Missionary Society)의 후원 하에 복음 전도라는 예수님의 지상명령에 충실한 선교 단체로 출발했습니다. 이는 북미 기독교의 넉넉한 지원 하에 처음부터 교파 교회로 출발한 장로교나 감리교와 뚜렷하게 차별화되는 역사적 배경입니다. 또한 복음 전도를 예수 그리스도의 지상명령으로 받들었던 성결교단은 위대한 전도자였던 존 웨슬리(John Wesley)의 신학과 전도 열정, 또한 사중복음이라는 "전도표제"의 위력적인 복음 전도 매뉴얼(manual)을 갖추고 있었습니다. 이렇게 복음 전도에 충실했던 성결교단을 하나님께서는 축복하셨고, 한국 교회의 부흥과 성장, 일치와 협력을 위한 거룩한 누룩으로 사용하셨습니다.

근자에 들어서, 성결교단의 정체성을 구체적으로 확인 정립하고, 초기의 강렬한 전도 열정과 헌신으로 돌아가서 교단의 부흥을 다시 불붙여야 한다는 자성의 목소리가 힘을 얻기 시작했습니다. 이에 화답하여, 114년차 총회에서 '신앙고백서와 교리문답서 발간위원회'가 발족하였습니다. 사중복음과 웨슬리 신앙의 맹아(萌芽)에서 견실하게 자라 100여 년 동안 튼실하게 맺은 복음의 열매들을 신앙고백서라는 형식에 담아서 출판하자는 의도입니다. 신앙고백서와 교리문답서는 교회 현장과 교육 현장에서 성결교회 성도들의 신앙의 내용과 특징을 분명히 하며 '성결인의 성결인 됨'을 고취하는 지침과 교육 교재로 활용될 것입니다.

이 작업은 교단의 신앙, 신학, 교육을 총괄하는 위치에 있는 현장 목회자들과 서울신학대학교 총장 및 각 신학부를 대표하는 전공 교수들의 치밀하고 치열한 협업으로 이루어졌습니다. 성결교단의 신앙 유산을 드러내고 현재의 고백을 천명하는 동시에 미래를 지향하는 입장에서의 성결교단 신앙고백을 정리하는 과정에서, 이 고백이 어느 누구의 글이 되지 않고 모두의 고백이 될 수 있도록, 내용과 목차, 초안과 최종 문안을 완성해 가는 모든 과정을 오프라인과 온라인을 통해 위원 모두가 참여하여 함께 논의하고 합의하고 쓰고 서로 첨삭하는 방식으로 진행하였습니다. 신앙고백서의 활용도를 높이기 위해서, 집필 방향과 집필 성격, 집필 의의를 포괄적으로 언급하는 것이 필요하리라고 사료됩니다.

첫째, 기독교대한성결교회의 신앙고백서는 성결교회의 교역자와 교직자를 대상으로 집필되었습니다. 그러므로 신앙고백서의 밑절미에는 하나님의 말씀인 성경, 기독교대한성결교회의 헌법, 교파를 초월하여 정통 교회라면 누구라도 인정하는 권위 있는 신경(信經)인 사도신경–니케아콘스탄티노플신경–칼케돈신경이 조화롭게 흐르고 있습니다. 특히, 신앙고백서는 교단 헌법의 "총강 및 교리"와 내용적인 측면은 물론이거니와 형식적인 측면에서도 보조를 맞추어서 작성되었습니다.

둘째, 너무나 당연한 측면이지만, 기독교대한성결교회 신앙고백서는 신앙고백적 성격에 초점을 맞추었습니다. 즉, 슈말칼덴 신조, 베른 신조, 영국 성공회 신조와 같은 성명서 형태의 신앙고백이 아니고, 도르트 신조, 스위스 일치신조, 웨스트민스터 신앙고백과 같은 교리 투쟁적 신앙고백이 아니며, 아우크스부르크 신앙고백, 제1스위스 신앙고백, 제2스위스 신앙고백, 하이델베르크 신앙고백과 같은 신앙 고백적이고 신앙 교육적인 신앙고백서를 지향합니다. 그러므로 교리적 논쟁을 전개하기보다는, 목회자들이 교회에서 가르칠 수 있는 현장성을 중시하여 적절한 양의 내용과 가급적으로 충분한 성경 본문을 제공했습니다.

셋째, 소모적 논쟁을 지양하기 위해서 그리고 타 교단 배경 성도들과의 신앙적 갈등을 최소화하기 위해서, 모든 정통 교단이 분명하게 공유해야 하는 성경, 복음, 교회, 삼위일체, 성부, 성자, 성령 조항은 '개신교 복음주의'의 보편적 지평에서 서술함으로써 교파 간의 일치와 연대를 모색했습니다. 반면, 인류의 타락, 선행은총(先行恩寵), 자유의지, 회개와 믿음, 칭의, 중생, 성결, 신유, 재림, 인류의 구원, 만인제사장직, 세례, 성찬, 하나님의 나라 조항에서는 성결교단의 특징이 분명히 드러나 신앙 정체성을 확립할 수 있도록 '웨슬리안 사중복음'이라는 성결교단의 신학적 관점을 분명히 드러냈습니다. 그러므로 '개신교 복음주의'라는 개신교의 보편적인 지평과 '웨슬리안 사중복음'이라는 교단의 특징적 지평이 만나서, 보편적인 신앙고백에 참여할 수 있음과 동시에 저항감 없이 성결교단이 지향하고 있는 신앙의 특징도 확인할 수 있습니다.

신앙고백서와 교리문답서가 성결교단 역사상 처음으로 만들어지기까지 감내해야 할 산고(産苦)가 만만치 않았습니다. 이 귀한 일을 이루어 나감에 있어서 신학적 정체성과 방향성을 확실하게 틀 잡아 주신 황덕형 서울신대 총장, 발간위원과 전문위원 모두의 의견을 수렴한 글이 되도록 특별히 수고하신 이동명, 오주영, 오성욱, 오성현, 박창훈 박사, 창간 100주년 기념사업으로 후원하신 활천사, 자신과 교단의 진정성 있는 신앙고백이 되도록 혼연일체가 되어 단어 하나 하나까지 다듬는 작업에 함께하신 발간위원과 전문위원의 헌신은 교단 최초의 신앙고백서와 교리문답서를 작성하는 과정에서 파생하는 거룩한 진통(陣痛)과 산고(産苦)를 감사와 찬양의 고백이 되게 해주었습니다. 본 신앙고백서"와 "교리문답서"의 발간이 성결교단의 새로운 부흥을 추동(推動)하는 거룩한 사건으로 승화되기를 기도합니다.

2021년 5월 25일
제114년차 총회장 한기채
발간위원장 송창원
발간위원 황덕형 류승동 윤학희 임석웅 장병일
최인식 조기연 정진화 이성범 하수근
전문위원 이동명 오주영 박창훈 오성현 윤철원 정병식 오성욱

2021년 기독교대한성결교회『신앙고백서 및 교리문답서』는 모든 성도가 읽고 묵상하고 고백하는 신앙의 고백입니다. 또한 교단의 신학을 잘 정리하여 문답으로 배울 수 있도록 일목요연하게 정리하였습니다. 교회는『신앙고백서 및 교리문답서』를 효과적으로 사용하기 위해서 다음과 같은 지침을 참고하여 진행하기를 바랍니다.

성결교회의 공적 신앙을 고백하도록 가르칩니다

기원후 1-5세기까지 기독교 신앙의 전수는 세례를 중심으로 이루어졌습니다. 세례예비자 단계에서 3년간 예배, 성경, 기도, 윤리를 가르쳤습니다. 이후 검증된 사람들을 세례후보자로 선택하고 사순절 또는 대림절 기간에 사도신경, 주기도문, 십계명, 복음 등 교리를 가르쳤습니다. 성경의 원리를 그대로 가르치는 교리(doctrine)는 신앙의 후견인과 교회 교사, 그리고 목회자가 협력하는 구두교육이었습니다. "하늘에 계신 우리 아버지"를 가르치고, 하루 세 번 기도하도록 인도했습니다. "나는 전능하신 아버지 하나님, 천지의 창조주를 믿습니다."를 가르치고, 자신의 신앙으로 고백하도록 이끌었습니다. 세례후보자는 내용들을 써서 공부할 수 없었습니다. 스스로 배운 바를 반복해서 마음으로 믿는 것을 입으로 시인할 수 있도록 교육했습니다. 교회는 개인의 믿음을 확인한 후, 교회의 교리를 가르쳐서 공적신앙을 고백하도록 가르친 것입니다. 이제 기독교대한성결교회의 『신앙고백서 및 교리문답서』를 통해 공적신앙을 고백하도록 가르칠 수 있습니다.

가정의 신앙교육에 활용하면 좋습니다

교회의 공적인 신앙고백(confession)은 가정에서 반복되었습니다. 초대교회는 유아세례 받은 이들의 신앙교육을 부모들에게 위탁했습니다. 루터는 1529년 『소교리문답』을 만들 때 부모가 항상 자녀들과 함께 읽고 나눌 수 있도록 벽에 붙이는 큰 종이에 작성했습니다. 칼뱅이 1537년에 만든 『제네바 신앙고백서』는 『기독교강요』를 요약해서 가정에서 자녀들에게 기독교 기초교리를 가르칠 용도로 만든 것입니다. 너무 어렵다는 요청에 따라 1541년 새롭게 작성합니다. 존 낙스는 스코틀랜드에서 매년

1회씩 담임목사 앞에서 자녀들이 신앙고백을 하는 방법으로 가정의 신앙교육을 점검했습니다. 영국 성공회는 부모가 의무적으로 자녀와 함께 신조 교육에 참여하도록 규정했습니다. 웨스트민스터 신앙고백서 또한 가정에서 부모가 자녀에게 교육하도록 명시하고 있습니다. 성결교회도 마찬가지로 가정에서부터 신앙교육을 시작해야 합니다. 그렇게 하기 위해서『신앙고백서 및 교리문답서』를 활용하면 좋습니다. "또 그것을 너희의 자녀에게 가르치며 집에 있을 때에든지…이 말씀을 강론하고"(신 11:19).

성결교회의 신앙과 교리를 쉽고 분명하게 전달할 수 있습니다

마틴 루터는『대교리문답』서문에서 "교회에 교육적 요소라 곤 전혀 없고 성도들의 성경 지식은 거의 바닥이다."라고 개탄했습니다. 루터는 개선방법으로 세인트 마리아 교회의 주일과 주중 설교를 통해 십계명, 사도신조, 주기도문, 세례, 성찬을 집중적으로 설교했습니다. 그리고 이것을 정리해서『소교리문답』을 만들고,『소교리문답』참고서로『대교리문답』을 만들었다. 루터는 목회를 통해 평신도를 위한 교리교육의 방법을 터득했습니다. 첫째는 짧은 질문에 긴 설명의 문답식 방법입니다. 둘째는 대학 강의와는 다르게 짧고, 쉽고, 분명한 문장으로 가르쳤습니다. 반면에 츠빙글리의 67개조(Sixty-Seven Articles, 1523) 나 루터의 동지였던 멜란히톤의 7개의 교리문답서는 거의 사용 되지 않았습니다. 논리적 문장을 논쟁적으로 사용했기 때문입 니다. 기독교대한성결교회『신앙고백서 및 교리문답서』는 목회 자, 신학생, 평신도 모두가 읽고 배울 수 있도록 쉽고 명확한 언 어로 집필되었습니다. 이『신앙고백서 및 교리문답서』를 통해 성결교회의 신앙과 교리를 쉽고 분명하게 전달할 수 있습니다.

성결교회 목회자의 성경-교리연구를 위한 지침으로 사용합니다

16세기 종교개혁자들의 핵심 운동 중 하나는 신앙고백서를 교육하기 연구모임이었습니다. 칼뱅이 제네바에서 인도했던 콩그레가시옹(회중모임), 츠빙글리가 취리히에서 인도한 프로 페차이(예언자 모임), 마틴 부서가 스트라스부르에서 이끈 크 리스틀리히 위붕(기독교운동), 영국 청교도 목사들의 프로페싱 (예언자 모임) 등은 성경을 가지고 목사들에게 교리교육을 했 던 대표적인 신앙고백서 교육입니다. 방식은 강의, 세미나, 토 론 등 다양했지만, 성경과 교리가 핵심이었습니다. 기독교대한 성결교회『신앙고백서 및 교리문답서』는 성결교회 목회자의 성 경 및 교회연구를 위한 지침으로 사용됩니다.

✝

목차

1부 신앙고백서

2부 대 교리문답서

1부
기독교대한성결교회
신앙고백서

✝

제1장

성경

신약·구약 성경은 하나님의 말씀입니다

1. 성경은 성령의 감동을 받은 사람들이 오류, 약점, 실패 없이 기록하고 전달한 하나님의 말씀입니다(요 16:13-14; 딤후 3:16; 벧후 1:20-21). 따라서 성경은 가감(加減)하거나 폐할 수 없습니다(요 10:35; 계 22:18-19).

교회의 정경[1]은 신약·구약 성경 66권입니다

2. 구약성경 39권과 신약성경 27권 총 66권만이 교회의 정경으로서 진리의 기준이요 규범입니다.

3. 구약성경 39권은 다음과 같습니다: 창세기 출애굽기 레위기 민수기 신명기 여호수아 사사기 룻기 사무엘상 사무엘하 열왕기상 열왕기하 역대상 역대하 에스라 느헤미야 에스더 욥기 시편 잠언 전도서 아가 이사야 예레미야 예레미야애가 에스겔 다니엘 호세아 요엘 아모스 오바댜 요나 미가 나훔 하박국 스바냐 학개 스가랴 말라기

4. 신약성경 27권은 다음과 같습니다: 마태복음 마가복음 누가복음 요한복음 사도행전 로마서 고린도전서 고린도후서 갈라디아서 에베소서 빌립보서 골로새서 데살로니가전서 데살로니가후서 디모데전서 디모데후서 디도서 빌레몬서 히브리서 야고보서 베드로전서 베드로후서 요한1서 요한2서 요한3서 유다서 요한계시록

신·구약 성경의 주제는 예수 그리스도를 통한 구원입니다

5. 성경은 하나님 자신과 하나님의 구원 계획을 드러내며 예수 그리스도를 증언하고 있습니다(요 5:39). 성경은 특정한 시대에, 특정한 대상에게 말씀한 책이면서, 현재와 미래의 모든 사람에게 진리로서 적용되는 하나님의 살아 있는 말씀입니다(히 4:12-13). 성령의 조명 가운데 성경을 읽고 들을 때(요 15:26) 다양한 시대 상황 속에서 복음의 핵심인 예수 그리스도 구원 중심으로 충실하게 해

석됩니다. 중생, 성결, 신유, 재림의 사중복음에 의한 성경 해석은
성경을 구원 중심으로 명확하게 이해시킵니다.

신·구약 성경은 통일성과 다양성이 있습니다

6. 구약과 신약은 각각 독자적인 권위를 가지고 있으며, 신약·구
약 전체의 통일된 중심과 목적은 예수 그리스도를 통한 하나님의
구원입니다. 구약성경을 통해 언약하신 하나님은 최종적으로 예수
그리스도 안에서 언약을 성취하시고, 새로운 언약을 세우십니다.
성경은 능히 예수 그리스도 안에 있는 믿음으로 말미암아 구원에
이르는 지혜가 있게 합니다(딤후 3:15).

7. 하나님은 서로 다른 역사적 상황 속에서 활동하셨습니다. 따
라서 성경의 어휘, 문체, 구조, 상황 등은 다양합니다. 이 다양성은
성경적 진리의 풍부함을 의미합니다. 이렇게 다양한 시대와 상황
속에서 기록되었음에도 불구하고, 성경은 유기적인 통일성을 지닙
니다. 이는 성령이 성경 전체를 진리 가운데로 이끄셨기 때문입니
다. 성경 전체의 통일성은 성경의 권위의 근원이신 한 분 하나님에
의해서 유지됩니다.

✝

제2장

복음

복음은 예수 그리스도를 통한 구원의 좋은 소식입니다

8. 복음은 예수 그리스도 안에서 하나님이 행하신 구원의 좋은 소식입니다(막 1:1, 14-15). 예수 그리스도의 생애와 사역, 이를 통해 이루어지는 온전한 구원이 복음의 핵심입니다. 예수 그리스도께서는 이 구원의 기쁜 소식을 전하셨으며(마 11:5; 눅 4:14-19; 7:22) 제자들에게 복음의 증인이 되라고 하셨습니다(눅 24:44-48; 행 1:8). 이에 제자들은 예수 그리스도의 고난, 죽음, 부활을 통한 구원의 기쁜 소식을 전했습니다(행 5:42; 14:7, 15; 15:7).

성도의 삶은 오직 복음으로 이루어집니다

9. 복음은 모든 믿는 자에게 구원을 주시는 하나님의 능력이 됩니다(롬 1:16). 인간의 구원은 인간의 의지나 노력이나 공로로 주어지는 것이 아니라, 예수 그리스도의 복음이 가지고 있는 능력에 의하여 주어지는 것입니다. 또한, 복음은 구원받은 성도를 믿음 위에 견고하게 세웁니다(롬 16:25-27). 견고한 믿음은 구원의 확신에서 오는 결과입니다. 이러한 성도는 의심이나 낙심 없이 신앙생활을 할 뿐만 아니라, 세상 속에서 거룩한 삶을 살아갑니다.

사중복음은 복음의 핵심입니다

10. 기독교의 초석은 예수 그리스도의 복음입니다(막 1:1). 중생, 성결, 신유, 재림의 사중복음은 복음에 대한 네 가지 측면의 설명입니다. 중생(重生)은 회개와 믿음으로 자기가 지은 죄를 용서받아 새 생명을 얻는 생명의 복음입니다(요 3:3-5; 딤후 1:10). 성결(聖潔)은 자기 안에 있는 죄를 정결하게 씻고, 온전한 사랑으로 충만하게 되는 사랑의 복음입니다(눅 6:32-36; 요일 4:10-11). 신유(神癒)는 믿음의 기도로 몸과 마음의 병을 치료하는 회복의 복음입니다(마 10:1; 막 3:13-15; 약 5:13-16). 재림(再臨)은 인간의 제한성과 연약함과 모든 악에서 구원받고 하나님의 정의가 실현되는 공의의

복음입니다(살후 1:5-10; 계 22:12, 20). 사중복음은 인류의 구원을
위한 온전한 복음입니다.

✝
제3장
삼위일체

삼위일체 하나님의 본질은 하나입니다

11. 성경의 하나님은 삼위일체 하나님이십니다. 하나님은 본질에 있어서 하나이신 오직 한 분 하나님이십니다(사 45:21-22; 고전 8:4; 갈 3:20; 딤전 2:5). 우리는 오직 한 분이신 하나님만을 믿고, 하나님 외에 다른 신이나 어떤 우상도 섬길 수 없습니다(출 20:4). 우리는 한 분이신 하나님을 사랑합니다(신 6:5). 예수께서는 오직 한 분 하나님만을 경배하라고 하십니다(마 4:10). 이것이 가장 큰 계명이고, 영생의 길입니다(막 12:28-30; 눅 10:25-27).

삼위일체 하나님의 위격[2]은 셋입니다

12. 성경의 하나님은 삼위일체 하나님이십니다. 거룩하신 삼위일체 하나님의 본질은 하나이시며(고전 8:4; 갈 3:20; 딤전 2:5) 동시에 삼위로서 세 위격으로 존재하십니다. 성부와 성자와 성령은 하나의 본질 안에 계신 세 위격으로 동일한 신성을 가지시고 동일한 영광과 위엄을 가지십니다(요 1:1, 14; 6:27; 행 5:3-4; 롬 1:7; 고후 13:13; 골 2:9; 히 1:8; 벧전 1:2; 요일 5:20). 삼위일체 하나님의 세 위격은 거룩한 사랑 안에서 상호 내주(內住)합니다. 삼위일체 하나님은 창조와 구속(救贖)의 사역에 있어서 구별되지만 일체로서 협업하십니다. 본질에서 동일하시며 위격에 있어서 구분되시는 삼위일체 하나님이십니다.

13. 삼위일체 하나님의 각 위격은 내적으로는 통일되었지만, 세상 속에서는 동일한 구원 경륜을 향해 서로 고유의 사역을 하십니다. 성부는 천지창조의 궁극적 원천(창 1:1; 계 4:11)이시고, 하나님의 계시(계 1:1)와 구원(요 3:16-17)인 예수의 생애와 사역의 궁극적인 원인이십니다(요 5:17; 14:10). 성자는 세상의 창조와 보존, 하나님의 계시와 구원의 주관자이십니다(요 1:1-3; 고전 8:6; 골 1:16-17). 성령은 성부의 창조와 보존(창 1:2), 계시와 구원(마 1:18-20; 눅 1:35; 요 16:12-15)을 실현하는 분이십니다.

삼위일체 하나님은 하나님의 고유한 속성을 갖고 계십니다

14. 성부, 성자, 성령께서는 온전한 하나님으로서 하나님이 가지시는 고유한 속성을 갖고 계십니다. 삼위일체 하나님은 그 본질적 속성에 있어서 영이시고(요 4:24), 무한하시고, 영원하시고(시 102:27), 변치 않으시고(말 3:6), 완전하십니다(마 5:48). 또한 세상과의 관계에 있어서 편재하시고(렘 23:23-24), 전능하시고(렘 32:17), 전지하시고(요일 3:20), 온전히 지혜로우시고(욥 12:13), 은혜와 인자로 완전하신 분이십니다(출 34:6; 느 9:17; 시 86:15; 103:8). 또한 도덕적 성품에 있어서 성결하시고(출 15:11), 사랑이 한이 없으시고(요일 4:16), 정의로우시며 의로우시고(사 45:21), 진실하시고(신 32:4), 은혜와 자비가 충만하신 분이십니다(딛 3:4).

삼위일체 하나님은 예배의 유일한 대상이십니다

15. 교회는 성부, 성자, 성령을 삼위일체 하나님으로 고백하고 예배하며(엡 4:4-6), 아버지와 아들과 성령의 이름으로 세례를 베풀고(마 28:19) 축복합니다(고후 13:13). 구속 사역을 하시는 삼위일체 하나님은 성도들을 예배로 초대하여 성도들 속에 기쁨과 찬양을 일깨우십니다. 삼위일체 하나님의 상호 내주(內住)(요 14:20-21)를 통해 예배자는 사랑의 연대의 본질을 깨닫고, 거룩한 사랑을 실천합니다.

✝
제4장

성부하나님

하나님은 한 분이십니다

16. 하나님은 스스로를 오직 하나인 여호와라 말씀하시며 하나님을 사랑하라 명령하십니다(신 6:4-5). 공의를 행하시며 구원을 베푸시는 하나님은 나 외에 다른 신이 없다고 하십니다(사 45:21-22). 오직 한 분이신 여호와는 여러 신들 가운데 하나의 신이라는 뜻이 아니라 유일무이한 신이라는 의미입니다(신 4:39).

하나님은 창조주이십니다

17. 태초에 하나님은 하늘과 땅, 보이는 것과 보이지 않는 모든

것을 창조하셨습니다(창 1:1). 하나님이 창조하신 세계는 선합니다. 창조주하나님은 무로부터(ex nihilo) 말씀으로 세계를 창조하신 후, 창조 세계를 보고 즐거워하셨습니다(창 1:31). 창조주 하나님은 창조 세계를 그 뜻과 목적에 따라 이끄시고 통치하십니다. 모든 피조물은 창조 세계에 나타난 하나님의 능력과 신성을 찬양합니다(롬 1:20). 구약성경의 이스라엘과 신약성경의 교회 또한 창조 세계 안에 나타난 하나님의 영광과 위엄을 믿고 예배합니다(롬 15:9).

18. 하나님은 인간을 자신의 형상대로 만드셨기에(창 1:26-27) 인간에게 온전한 구원의 표지를 보여 주셨습니다. 하나님은 인간에게 영화와 존귀로 관을 씌우시고(시 8:5) 창조 세계의 관리자로서 청지기의 사명을 주셨습니다(창 1:28; 2:15). 하나님은 창조 세계를 섭리하십니다. 하나님은 자신의 뜻에 따라 창조 세계를 보존하시고 만물을 다스리시므로, 파괴적인 결과를 가져다주는 악의 세력에 주도권을 넘기지 않으시고 궁극적으로 승리하십니다. 따라서 교회와 모든 피조물은 썩어짐의 종노릇에서 벗어나 하나님 자녀의 영광의 자유에 이르게 됩니다(롬 8:21).

하나님은 전능하십니다

19. 하나님은 창조의 능력으로 통치하시는 전능자이십니다(창 1장). 하나님은 창조 세계를 권위로 통치하시는 능력자이십니다(시

93편). 창조 세계의 주권자이신 하나님은 사랑으로 섭리하십니다. 이 하나님은 우리를 치료하시고 온전케 하시는 하나님이십니다(출 15:26). 전능하신 하나님은 이스라엘의 역사에 실제적으로 개입하심으로써 자신의 전능하심을 드러내셨습니다. 전능하신 하나님은 우리의 아버지가 되시고, 우리는 그의 자녀가 됩니다(고후 6:18).

하나님은 아버지이십니다

20. 하나님은 아버지로서 하나님의 백성을 지으시고 세우시고(신 32:6), 사랑하시고(호 11:1), 돌보시는(사 49:15; 렘 3:19) 생명, 구원, 거룩의 원천이십니다. 하나님은 아버지로서 인류와 만물을 돌보십니다(마 6:26; 고전 8:6).

21. 예수께서는 하나님이 아버지이심을 구체적으로 계시하십니다. 겟세마네 동산에서 기도하실 때 예수께서는 하나님을 아바 아버지(막 14:36)라 부르셨고, 십자가 상에서 자신의 영혼을 아버지의 손에 부탁하셨습니다(눅 23:46). 이와 같이 아버지는 예수께서 하나님을 부르실 때에 사용하셨던 특별한 호칭입니다. 예수께서는 기도를 가르쳐 주시며 하나님이 우리의 아버지이심을 말씀하셨습니다(마 6:9). 예수 그리스도의 십자가 공로로 중생을 경험한 우리들은 하나님을 아버지라고 부를 수 있는 형제자매가 되었습니다(갈 4:6).

✝

제5장

성자하나님

예수 그리스도께서는 선재하셨습니다

22. 예수 그리스도는 고유의 위격을 가지신 창조 이전에 선재(先在)하신 삼위일체 하나님이십니다(요 1:1). 그는 만물보다 먼저 나시고(골 1:15), 만물이 그로 말미암아 지은 바 되었으니, 지은 것이 하나도 그가 없이는 된 것이 없습니다(요 1:3). 영원하시고 진실하신 하나님의 말씀으로서, 예수 그리스도는 하나님의 독생하신 아들이시고, 본질에 있어서 성부하나님과 일체이십니다. 그는 아버지에게서 나셨으나 하나님에게서 나신 하나님이시고, 아버지와 본질에서 같으신 분이십니다. 성자하나님은 성부하나님과 성령하나님과 함께 하늘에 있는 것과 땅에 있는 것들을 창조하는 일에 동역하셨습니다.

예수 그리스도는 성육신하신 하나님의 아들이십니다

23. 선재하셨던 성자께서는 아버지로부터 보내심을 받아 나사렛 예수 그리스도로 성육신하셨습니다(롬 8:3; 갈 4:4; 빌 2:6-7). 아들이 아버지로부터 태어나심(시 2:7; 요 1:14, 18; 히 1:5)은 모든 피조물들이 만들어진 것과는 본질적으로 다릅니다. 그는 성령으로 잉태되어 동정녀 마리아에게서 태어나심으로 우리의 구원을 위해 육신을 입고 우리에게 중보자로서 오신 분이십니다. 성자하나님은 위격 안에 신성과 인성을 가지셨으며, 신성이 변하여 인성이 되거나 인성이 변하여 신성으로 변화되지 않으십니다. 성자하나님은 완전하신 신성과 완전하신 인성을 가지셨으며, 신성과 인성은 함께 있으나 혼합되지도 않으시고, 구분되지만 분열되지도 않으십니다. 예수 그리스도는 참 하나님이시고 참 인간이십니다.

24. 성육신하신 나사렛 예수 그리스도는 세상을 밝히는 구원의 빛이십니다(요 8:12). 우리의 구원을 위해서 성육신하신 아들은 피조물들을 사랑하는 아버지에 의해 파송 받았습니다. 그는 죽음에 이르기까지 자발적인 십자가의 희생의 본을 보여 주셨고 십자가의 보혈로 죄와 죽음을 이기셨습니다. 모든 피조물은 성육신하신 아들과 온전한 관계를 맺을 때 비로소 하나님의 뜻에 부합한 피조물이 될 수 있습니다.

예수 그리스도께서는 십자가에서 죽으셨습니다

25. 성경은 예수 그리스도의 고난이 다른 사람들을 위한 것이고 (사 53:4-12), 죽임을 당했으나 궁극적으로 승리한다고 선포합니다(사 53:10). 예수 그리스도의 죽음은 하나님의 뜻이고 하나님의 구원의 경륜을 구현하는 과정입니다(시 22:1-8; 27-31). 그의 죽음은 인간을 억압하는 죄와 죽음의 권세와 그것의 결과를 파괴합니다. 부활하신 예수 그리스도는 인간을 모든 죄와 흑암의 권세로부터 해방시키십니다. 예수께서는 자기 피로써 백성을 거룩하게 하십니다(히 13:12).

26. 예수께서는 본디오 빌라도에게 고난을 받으사 십자가에 못 박혀 죽으시고, 심판 아래 있는 세상에서 인간이 지은 죄의 결과들을 경험하셨습니다. 하나님은 자기 아들을 죄 있는 육신의 모양으로 보내시어 죄를 담당하게 하셨습니다(롬 8:3). 예수께서는 죄가 없으시지만 우리를 율법의 저주로부터 해방시키기 위하여 율법의 저주의 희생물이 되셨습니다(갈 3:13). 예수 그리스도는 하나님의 어린양으로서 세상의 죄를 짊어지시고 스스로 희생제물이 되심으로써 세상의 구원자가 되십니다(사 53:4-7; 요 1:29).

예수 그리스도께서는 부활 승천하셔서 통치하십니다

27. 예수 그리스도의 죽음과 부활은 교회와 기독교 신앙의 기초입니다(고전 15:4, 13, 16). 기독교 신앙에서 부활이 없으면 우리의 전파하는 것과 믿음은 헛것입니다(고전 15:13-14). 그러나 예수 그리스도께서 진실로 죽은 자 가운데서 부활하셔서 부활의 첫 열매가 되셨습니다(고전 15:20).

28. 부활하시고 승천하신 예수 그리스도는 예언자, 제사장, 왕의 삼중직을 수행하십니다(시2:6; 사 9:6-7; 마 21:5; 눅 4:18, 21; 행 3:21-22; 히 4:14-15; 5:5-7). 예수는 우리에게 율법의 완성자(마 5:17-18)이시고, 구원의 복음을 가르치시고(마 9:35), 회개를 촉구하시는(마 4:17) 예언자로서의 그리스도이십니다. 예수는 죄로 말미암아 막혔던 하나님과 인간 사이의 담을 십자가의 보혈로 무너뜨리시고(엡 2:11-18), 구원의 길을 여신 속죄와 중보의 사역을 하시는 제사장으로서의 그리스도이십니다(히 2:17; 7:24-25). 예수는 죄와 사망의 권세를 자신의 발 아래에 굴복시키시고 의와 희락과 화평으로 하나님의 나라를 통치하시는 왕으로서의 그리스도이십니다(시 110:1-6; 고전 15:25).

29. 부활 승천하셔서 하나님의 보좌 오른편에 앉아 통치하시는 예수 그리스도께서는 약속대로 성령을 보내 주셔서 보혜사로 돕고

역사하게 하십니다(요 16:7; 행 2:1-3; 8:9-17; 9:17-18; 10:34-48; 19:1-7). 모든 권세들과 영적 능력들이 예수께 굴복합니다(벧전 3:22). 이제 성도의 정체성은 오직 예수 그리스도에 의해 정의됩니다(롬 6:11, 15-23; 갈 2:19; 빌 1:20-21).

예수 그리스도는 다시 오십니다

30. 예수 그리스도는 세상을 심판하시기 위하여 영광 중에 다시 오십니다(마 24:30-31; 26:64). 우리는 예수 그리스도의 다시 오심을 통해서 새 하늘과 새 땅이 이루어질 것을 확신합니다(계 21:1-6). 예수 그리스도는 하나님의 능력과 권위를 가지신 승리자로 오셔서 세상을 심판하십니다(마 16:27; 요 5:27). 그리고 심판하시는 예수 그리스도는 믿는 자를 하나님의 영광에 참여하게 하십니다. 약속된 하나님의 나라는 궁극적으로 실현될 것입니다. 따라서 우리는 알파와 오메가 되시는 예수 그리스도의 공의로운 심판을 대망하며, 하나님의 나라에 합당한 자로 오늘을 살아갑니다.

제6장

성령하나님

성령은 하나님이십니다

31. 성령하나님은 고유의 위격을 가지신 삼위일체 하나님이십니다. 성령은 신적 위격의 한 분으로서 하나님과 하나이시고, 예수 그리스도와 하나이십니다. 성령은 성부 및 성자와 본질이 동일하시고, 영원하시고 영존하십니다.

32. 구약성경에서 성령은 하나님의 영(욥 33:4), 혹은 주의 영(시 104:30; 사 63:10)이십니다. 성령은 창조 시 수면 위를 운행하며 세계를 창조하셨고(창 1:2), 사사들을 통해 이스라엘을 구원하셨고(삿 3:10; 6:34; 11:29; 13:25; 14:6), 선지자들을 통해 말씀하셨고(삼하 23:2; 느 9:20; 겔 2:2; 3:24; 11:5; 슥 7:12), 왕들에게 기름을 부어

주셨습니다(삼상 16:13).

33. 신약성경에서 성령은 성자의 영(갈 4:6), 그리스도의 영(롬 8:9), 진리의 영(요 16:13)이십니다. 성령은 요엘서의 예언(욜 2:28-29)대로 오순절 날에 충만히 임하셨습니다(행 2:1-4). 성령은 말씀을 경청하는 자에게 임하시고(행 10:44-46), 성도들에게 각양 좋은 은사를 부어 주십니다(고전 12:4-11). 성령은 메시아 사역의 주체이십니다(눅 4:18-21). 성령은 예수 그리스도께서 구하신 또 다른 보혜사(요 14:16)로서, 성부와 성자로부터 나오시고 성부와 성자와 더불어 예배와 영광을 받으시는 하나님이십니다.

성령은 생명을 주십니다

34. 성령은 생명의 주요 생명을 주시는 분으로서 우리로 하여금 아버지와 아들과 교제할 수 있게 하십니다. 성령은 만물에게 생명을 부여하십니다(창 1-2장). 모든 생명은 하나님의 선물로서(시 104:29-30), 성령은 예수 그리스도 안에서 새 생명을 주십니다. 인간은 새 창조의 첫 열매들로서 중생하고, 나머지 피조물과 함께 새 하늘과 새 땅에 참여를 고대하며 신음하고 있습니다(롬 8:11, 19-20). 고통받는 인류와 만물의 회복을 위해 성령은 오순절에 임하셔서 교회를 세우셨습니다(행 2장). 성령이 복음 선포를 통해 신앙을

일깨우심으로, 성도는 하나님의 성품에 참예하는 자가 되어(벧후 1:3-4) 하나님과의 교제에 들어가고, 죽도록 충성한 성도들은 생명의 면류관을 받을 것입니다(계 2:11).

성령은 인격이십니다

35. 성령은 삼위일체 하나님의 뜻을 실현하십니다. 그러나 성령을 에너지, 힘, 능력, 기적과 같은 비인격적이고 상징적인 존재로만 이해해서는 안 됩니다. 성령은 온전한 인격체이십니다. 하나님의 백성의 반역은 성령을 근심하게 했습니다(사 63:10). 성령은 탄식하고 애통하는 분이십니다(롬 8:26). 또한 성령은 육신의 열매(갈 5:19-21)와 대비되는 고유한 성품인 성령의 열매(갈 5:22-23)를 가지고 계십니다. 따라서 성령으로 거듭난 사람(요 3:5)은 성령의 고유한 인격적 성품의 열매(마 7:20)를 통해서 알 수 있습니다.

36. 성령의 인격성은 삼위일체 관계 속에서 파악할 수 있습니다. 예수 그리스도께서 성육신(요 1:14)을 통해서 우리와 함께하시는 하나님(요 1:18; 마 1:23)이 되셨듯이, 성령은 우리와 함께하시는 진리의 영으로서(요 14:16-17), 오순절에 불과 같이 인간의 심령에 임재하셨습니다(행 2:1-4). 보혜사 성령은 하나님의 영(고후 3:3)으로 계실 뿐만 아니라, 낮고 천한 인간의 마음속에 내재하여 인간들

의 심령 속에 인격적으로 그리스도를 조명하십니다. 성부, 성자, 성령 삼위일체 하나님은 사랑의 상호 교류 가운데에 있는 인격체이십니다.

성령은 은사를 주십니다

37. 인격적 하나님인 성령은 중보자, 돕는자, 교사, 위로자, 대언자, 그리고 상담자로서의 보혜사(요 14:16, 26; 15:26; 16:7)이십니다. 성령은 예수 그리스도의 지상명령(마 28:18-20)을 수행할 수 있도록, 각 사람에게 임하셔서 예수 그리스도의 증인이 되게 하십니다(행 1:8). 성령은 새로운 피조물(고후 5:17)인 성도가 사명을 온전히 감당할 수 있도록 다양한 은사(고전 12장)와 선물(롬 12장)을 주십니다. 이러한 성령의 은사는 중단된 적이 없이 계속 지속되어 왔습니다. 중생 이후 성령세례를 통한 완전한 성화를 이 땅에서 온전히 체험하여 사랑이 넘치는 주님의 몸 된 교회를 세우는 것이 성령의 간절한 소망입니다. 따라서 성도는 죄를 회개하고(행 2:38), 말씀에 순종하고, 기도하고 중보하는 삶을 삽니다(약 5:13-16). 믿는 자에게 하나님은 성령을 주십니다(눅 11:13).

✝

제7장

인류의 타락

인간은 하나님의 형상대로 지음 받았습니다

38. 인간은 하나님의 형상으로 창조된 존재입니다. 하나님을 따른 불멸성, 이해력, 의지의 자유, 정서를 가진 존재로 창조되었습니다. 땅의 모든 것을 다스리는 세상의 통치자로 지음 받았습니다. 하나님을 닮은 의와 거룩함으로 지음 받았습니다. 사랑 자체인 하나님을 닮은 존재로 창조되어 사랑이 그 모든 행동의 유일한 원리였습니다(창 1:26-2:25; 9:1-3; 약 3:9).

아담의 범죄로 죄가 세상에 들어왔습니다

39. 인간은 하나님의 형상으로 창조되어 선택할 수 있는 의지의 자유가 주어졌습니다. 하나님은 인간에게 불순종으로 선택하여 타락하지 말 것을 경고하셨습니다. 그런데 인간은 하나님의 경고를 무시하고 금단의 열매를 먹었습니다. 이 죄는 하나님께 대한 것입니다. 이것은 우상숭배요(골 3:5), 창조주에 대한 의도적인 불순종입니다(창 3장). 인간이 선악과를 먹었다는 것은 하나님의 통치 받기를 거부한다는 것과, 창조주의 의지 대신 자신의 의지로 살겠다는 선언입니다. 또한 이것은 자신의 행복을 하나님이 아닌 세상에서, 즉 자신의 손으로 만든 것들 안에서 찾겠다는 선언입니다.

인간은 죄로 말미암아 하나님의 영광에 이르지 못합니다

40. 죄의 결과로 인간은 하나님과 분리되었고(창 3:24; 롬 3:23), 모든 사람이 죄를 지었으므로 사망이 모든 사람에게 이르렀습니다(롬 5:12). 자범죄(自犯罪)는 피조물과의 관계 속에서 지은 죄들입니다. 원죄(原罪)의 부패성으로 말미암아 인간에게는 더 이상 의로움과 거룩함이 존재하지 않게 되었습니다(롬 1:21-32). 타락한 인간의 이해력은 더 이상 하나님을 알아보지 못하게 되었습니다. 인간의 정서는 하나님이 아니라 세상적인 것들을 향하게 되었습니

다. 하나님의 뜻에 따라 펼치는 땅의 다스림도 지배와 군림으로 왜곡되었습니다. 인간의 이런 상태가 전적 타락입니다. 그러므로 의인은 없습니다(롬 3:10). 깨닫는 자도 없고(롬 3:11), 하나님을 찾는 자도 없고(롬 3:11), 다만 무익한 존재가 되었습니다(롬 3:12). 전적으로 타락한 인간은 선을 행할 능력이 전혀 없는 자가 되었습니다(롬 3:10-12).

41. 인간의 마음속에 있는 모든 계획이 악합니다(창 8:21). 인간은 본질상 진노의 자식입니다(엡 2:3). 이것은 인간 안에 있는 모든 것이 항상 악할 뿐임을 가리킵니다(창 6:5). 인간의 모든 것이 도덕적 정직에 반대되고 선하신 하나님의 본질과 반대됩니다. 타락한 인간은 선과 악의 영원한 기준인 하나님의 뜻에 반대됩니다.

✝

제8장

선행은총

하나님은 선행은총을 베푸셨습니다

42. 선행은총(先行恩寵)은 예수 그리스도의 구원에 앞서 인간이
죄를 깨달을 수 있도록 베풀어 주신 하나님의 보편적이고 조건 없
는 은혜입니다(마 5:45). 하나님께서는 죄로 말미암아 구원의 길에
서 벗어난 인간에게 인간의 의지와 자격에 관계없이 미리 앞서서
은혜를 베푸셨습니다. 그럼에도 불구하고 많은 사람들은 이 은혜
를 망각하거나 부정해(롬 2:1-5) 버립니다. 하나님은 인간이 범죄
한 직후, 그리스도께서 여자의 후손으로 오신다(창 3:15)는 최초의
복음을 선포하셨습니다. 하나님은 인간을 이끄셔서 은혜 안에 거
하게 하십니다(요 6:44). 하나님은 말씀(요 1:1)과 빛 되신 하나님의
독생자(요 1:4)를 통해 세상의 모든 사람에게 차별 없이 비추는 빛

이 되셨습니다(요 1:9). 하나님의 조명으로 인하여 인간은 자연을 통한 하나님의 자기 증언을 부분적으로 알게 되었고(행 14:17), 회복된 양심을 통해(롬 1:20; 2:12-14) 선한 것이 무엇인지를 부분적으로 알게 되었습니다(미 6:8). 인간은 하나님을 더듬어 찾아 발견할 수 있는(행 17:27) 선행하는 보편적 은총 안에서 살게 되었습니다. 이러한 은총은 인간 누구에게나 예외 없이 임하는 하나님의 보편적인 은총(딤전 2:4)입니다.

구원은 선행은총으로 시작됩니다

43. 하나님의 선행은총으로 인간 안에 하나님의 형상과 하나님에 관한 지식, 사랑, 자유 의지 등이 부분적으로 회복되었습니다. 선행은총을 받은 인간은 하나님이 주도하시는 구원의 은총에 참여할 수 있게 되었습니다(롬 2:15). 예수 그리스도를 이 땅에 보내신 하나님 아버지의 이끄시는 은혜의 역사(요 6:44)에서 출발하여, 인간이 하나님의 이끄심의 은혜 안에 거하게 되고, 그 은혜를 사모할수록 점점 더 풍성해지는 은혜입니다(요 1:16).

44. 구원의 시작이 선행은총일 때, 선행은총의 최종 목표는 구원입니다. 그러나 선행은총은 구원의 시작을 알리는 서곡일 뿐, 실제로 구원사건, 곧 칭의, 중생을 일으키는 은총은 아니며, 죄인 된 인간

에게 구원의 기쁨을 가져오지는 못합니다. 그럼에도 불구하고 선행 은총은 여전히 진실된 빛이며, 하나님의 사랑과 구원으로 이끄는 빛입니다.

✝

제9장

자유의지

인간은 범죄함으로 자유의지를 상실했습니다

45. 인간은 아담의 범죄로 말미암아 전적으로 타락해서 하나님의 형상을 상실했습니다(창 3:1-13; 6:5). 인간은 하나님으로부터 철저하게 분리되었습니다(창 3:24). 인간은 죄악으로 오염된 자기 고집과 육적 속박으로부터 벗어날 수 없는 상태가 되었습니다. 악한 길만을 선택할 수 있을 뿐, 선한 길을 선택할 능력을 상실했습니다(롬 6:20). 하나님의 은총 아래서 하나님께로의 순종과 교제가 가능했던 자유의지를 완전히 상실했습니다.

상실된 자유의지가 하나님의 선행은총을 통해
부분적으로 회복되었습니다

46. 인간은 하나님의 선행은총과 예수 그리스도의 구속의 은총이 비추일 때, 파괴되었던 하나님의 형상이 회복되어 하나님의 뜻을 알게 됩니다. 하나님의 선행은총으로 부분적으로 회복된 인간은 하나님이 기뻐하는 뜻을 행할 수 있게 되고(요 8:32), 하나님의 부르심에 응답하고 순종할 수 있게 됩니다.

47. 하나님은 누구에게나 은혜를 베푸시지만, 회개하지 않고 자기 고집에 갇혀서 하나님의 은혜를 거부하는 자들에게는 심판의 주로 역사하십니다. 그러나 인간의 자유의지는 하나님의 은혜 안에서만 회복되고 온전하게 역사하기 때문에, 인간이 자유의지에 힘입어서 스스로를 구원한다고 말할 수 없습니다.

회복된 자유의지로 인간은 은혜 안에서
구원의 복음에 응답할 수 있습니다

48. 오직 하나님의 은혜만이 인간을 구원하는 유일한 길입니다(엡 2:8). 하나님의 은혜 아래서만 자유의지는 하나님의 뜻에 맞게 순종하게 됩니다(롬 6:17-18). 하나님은 인간에게 구원을 베푸실

때, 인간의 자유를 제거하거나 억압하지 않습니다. 하나님은 자신이 베풀어 주신 은총 안에서 인간이 회복된 자유의지를 가지고 자발적으로 하나님께 응답하고 순종하여 구원받는 자녀가 되기를 원하십니다. 하나님의 자녀가 된 사람은 예수 그리스도와 성령의 능력 안에서 자유의지를 통해서 육체의 기회를 삼지 않고 오직 하나님을 사랑으로 섬기게 됩니다(갈 5:1, 13). 또한 하나님의 자녀가 된 사람은 회복된 자유의지로 하나님이 기뻐하시는 삶을 선택하여 살아갑니다.

†

제10장

회개와 믿음

회개는 믿음으로 이끕니다

49. 구원은 회개하고 복음을 믿을 때 일어납니다(막 1:15). 죄는 하나님께 대한 반역이기 때문에, 회개하지 않으면 멸망합니다(눅 13:3). 죄 사함 없는 구원은 있을 수 없습니다(엡 1:7-10). 죄인은 범죄에 대한 깊은 고뇌와 용서가 필요한 존재입니다(벧후 3:9). 회개는 이 거룩한 기쁨을 맛보기 위해서 범한 죄를 인정하며, 하나님 앞에서 고백하는 것입니다(요일 1:8-9). 또한 회개는 죄로부터 하나님께로 돌이키는 것이고(겔 33:11), 회개에 합당한 열매를 맺는 것입니다(눅 3:8). 회개는 마음의 변화, 경건한 슬픔과 애통, 열매를 맺고자 하는 결단을 포함합니다.

회개에는 신적 요소와 인간적 요소가 있습니다

50. 하나님은 죄인들이 회개할 수 있도록 구원의 기초를 마련하셨습니다(행 11:17-18; 고전 3:11). 하나님의 선하심이 죄인들을 회개로 인도합니다(롬 2:4). 성령께서 말씀을 통해 복음적인 회개를 하게 하십니다(고전 2:4-5; 12:3). 이것은 회개의 신적 요소입니다. 하나님은 선행은총으로 우리에게 자유의지를 주셨습니다. 하나님의 선행은총으로 회복된 인간의 자유의지는 하나님이 회개로 인간을 인도하실 때 스스로 회개하게 합니다(행 3:19). 이러한 참된 회개는 전 인격 안에서 지속적인 변화를 가져오는 내적인 경험입니다(행 26:20). 이것은 회개의 인간적 요소입니다. 이 회개는 하나님의 경책하는 은총으로서 이후에 믿음이 뒤따릅니다(행 2:37-38; 16:29-34). 회개는 믿음의 조건이며 믿음은 구원의 유일한 조건입니다. 인간이 회개의 자리로 나아갈 때, 성령은 인간이 죄인임을 깨닫게 하실 뿐 아니라 믿음을 주셔서 구원으로 인도하시기 시작합니다.

구원의 조건은 오직 믿음입니다

51. 구원은 하나님의 은혜에 의하여 믿음으로 받는 하나님의 선물입니다(엡 2:8). 하나님은 인류의 구원을 위해 속죄 제물로 예수

그리스도를 주셨습니다. 믿음은 이에 대한 견고한 신뢰입니다. 이러한 구원의 믿음은 진리에 대한 마음의 동의만이 아닙니다. 감정에서 일어나는 느낌만도 아닙니다. 도덕적 의무에 대한 의지적 승인만도 아닙니다. 구원의 믿음은 성령으로 말미암아 이 모든 것을 포함하는 인간 전(全) 존재의 행동입니다. 인간은 마음으로 믿어 의에 이르고 입으로 시인하여 구원에 이릅니다(롬 10:10).

믿음의 근거는 예수 그리스도입니다

52. 예수 그리스도는 하나님의 말씀 안에 계시된 진리입니다(요 20:31; 롬 10:17). 따라서 하나님의 계시된 말씀에 대한 굳건한 믿음은 성령의 조명 가운데 계시 그 자체인 예수 그리스도에게로 인간을 인도합니다(요 14:26). 예수 그리스도를 인격적으로 신뢰할 때, 그의 말씀에 대한 인간의 믿음은 더욱 강화됩니다.

✝

제11장

칭의

칭의는 삼위일체 하나님의 구속의 은혜입니다

53. 칭의(稱義)는 죄인을 의롭다고 인정하시는 하나님의 사법적 선언으로서 하나님의 은총의 선물입니다. 칭의는 예수 그리스도의 희생으로 하나님의 공의를 충족시킨 것입니다. 성령은 우리가 예수 그리스도로 말미암아 의롭게 되었음을 증언하십니다. 죄인인 인간은 이러한 삼위일체 하나님의 칭의의 은혜에 믿음으로 응답해야 합니다. 칭의의 은혜를 받은 죄인은 사망에서 생명으로 옮겨집니다(요 5:24). 하나님과 화평을 누리게 됩니다(롬 5:1). 하나님의 자녀가 되는 권세가 주어집니다(요 1:12).

54. 칭의는 그리스도의 의를 덧입는 것이기에 사람의 행위가 아

닙니다. 오직 하나님의 은혜로 인하여 믿음으로 받는 것입니다(엡 2:8-9). 하나님은 자신이 죄인임을 철저하게 고백하는 자의 죄를 용서하십니다. 칭의의 은혜는 죄책으로부터 인간을 자유롭게 합니다. 칭의는 이미 깨끗해진 사람이 아니라, 부정한 자를 의롭게 하시는 하나님의 구속의 은혜입니다.

칭의는 오직 믿음으로 받습니다

55. 사람이 하나님 앞에 의롭다 함을 얻는 것은 자기의 선행이나 공로로 되는 것이 아닙니다. 오직 예수 그리스도의 대속의 공로를 믿음으로 의롭다 함을 받습니다(롬 1:17). 칭의는 인류에게 복음이요, 성경의 명백한 가르침입니다(롬 3:21-26, 28; 4:3-6; 5:1). 의롭다 하심을 얻은 사람은 이제 거듭나게 됩니다. 칭의는 예수 그리스도께서 대신 값을 치르고 속죄하신 것(롬 4:25)을 믿는 사람이 얻는 것입니다(롬 3:28). 예수 그리스도의 의(고전 1:30)를 자기 것으로 믿는 자는 하나님의 은혜(엡 2:8)로 의롭다 하심을 받습니다(롬 8:33).

†

제12장

중생

중생은 삼위일체 하나님의 사역입니다

56. 성부하나님은 생명 창조의 유일한 주체로서 생명의 원천이십니다. 성자하나님은 생명의 중보자로서 십자가 보혈의 공로로 생명의 길이 되시는 분이십니다. 성령하나님은 생명의 영(롬 8:2)으로서 우리를 회개하게 하심으로 예수께로 인도하시는 분입니다. 삼위일체 하나님은 새 생명을 주시고 새로운 피조물로 변화시키는 중생의 은혜를 주십니다. 중생의 은혜는 살아 있고 항상 있는 하나님의 말씀(엡 5:26; 벧전 1:23)을 듣고 회개하는 자(눅 15:17-18; 19:8-9)를 성령께서 예수 십자가 보혈의 은혜 가운데로 인도하시는 것입니다(요 3:5; 6:44-47).

중생은 영으로 나는 것입니다

57. 거듭남은 영적으로 새롭게 태어나는 것입니다(요 3:3). 물과 성령으로 나는 것입니다(요 3:5). 죄 씻음을 받고 새롭게 되는 것입니다(딛 3:5). 육으로 난 것은 육이요 영으로 난 것은 영입니다. 성령으로 새로 태어난 사람은 하나님의 나라 백성이 되어 천국에 들어갈 자격을 얻습니다. 하나님의 나라를 알고 그 나라를 소망하는 삶을 살게 됩니다(요 3:3-5). 사망에서 생명으로 옮겨진 존재가 됩니다(요 3:36; 5:24; 요일 3:14). 중생으로 자범죄를 용서받고, 성령에 의한 초기 성화가 시작됩니다. 옛사람을 벗어 버리고 새사람을 입는 삶을 살게 됩니다(골 3:9-10). 중생의 은혜는 인간에게 죄의 권세로부터 자유함을 주고, 하나님의 뜻을 따라 선을 행할 수 있게 합니다. 중생은 하나님으로부터 오는 신비에 속한 영적 변화입니다(요 1:13; 요일 4:7; 5:1).

중생은 하나님의 은혜입니다

58. 중생의 은혜는, 모든 사람이 자기의 죄를 회개하고 십자가에 달려 속죄의 피를 흘리신 예수 그리스도를 믿을 때, 성령의 역사로 새 생명을 얻는 것입니다. 인간은 중생의 은혜를 통해서 심령과 인격 전체에 근본적 일대 변혁을 경험합니다. 하나님은 세상을 사랑

하셔서 독생자를 주셨고, 그를 믿는 자마다 멸망하지 않고 영생하게 하십니다(요 3:16). 모든 사람은 죄를 범하였기 때문에 하나님의 영광에 이르지 못합니다. 인간은 하나님의 값없는 은혜로 그리스도 예수 안에서 속량하시는 중생의 은혜를 경험합니다(롬 3:23-24).

중생의 은혜는 칭의와 양자 됨을 포괄합니다

59. 다시 태어나는 중생은 새로 태어나는 신생으로서, 칭의, 양자 됨과 동시에 임하는 은혜입니다. 칭의는 법적 변화를 강조하고, 양자 됨(롬 8:15-16)은 하나님의 자녀가 되는 관계의 변화를 강조하며, 중생과 신생은 실제적인 내면의 변화를 강조합니다. 성령은 내주, 임재, 역사하심으로 신자를 영적으로 변화시키십니다. 성령에 의해 회복된 인간은 그리스도 안에서 새로운 피조물로서의 새 삶을 살아갑니다(고후 5:17).

✝

제13장

성결

성결은 삼위일체 하나님의 명령입니다

60. 성부하나님은 내가 거룩하니 너희도 거룩하라고 명령하십니다(레 19:2). 성자하나님은 하늘에 계신 아버지의 온전하심과 같이 너희도 온전하라고 명령하십니다(마 5:48). 성령하나님은 성도를 거룩하게 하십니다(살후 2:13). 따라서 성도는 삼위일체 하나님의 명령에 순종하여 거룩함을 온전히 이루어 영혼과 육체가 깨끗하며(고후 7:1), 모든 행실에 거룩한 자가 되어야 합니다(벧전 1:15-16). 영과 혼과 몸의 전인적 성결을 하나님께서 성도들에게 요청하십니다(살전 5:23).

성결은 하나님의 형상을 회복하는 것입니다

61. 성결은 죄에서 분리되어 하나님의 모습과 하나님의 뜻에 일치하는 것입니다. 하나님의 형상(창 1:27)이 회복된 성도들은 의도의 순수성과 사랑의 완전함으로 나아갑니다. 예수 십자가의 보혈과 성령의 불은 죄악의 뿌리를 소멸시키고, 아담으로부터 유전된 원죄의 부패성을 제거합니다(롬 6:6; 고전 5:7; 엡 4:22-24; 히 12:15). 성결의 결과로 성도는 자기 속에 남아 있는 교만, 욕망, 욕정, 이기심, 분노, 복수심, 세상 사랑 등 육신에 속한 죄들을 제거합니다. 따라서 성결한 성도는 죄의 본성으로부터 자유롭게 되는 큰 기쁨을 경험합니다(요 14:27; 빌 4:4-6). 성령은 성결의 은혜를 받은 성도가 깨어 기도하게 하고, 여러 성도를 섬기는 삶을 살아가게 합니다(엡 5:21; 6:18). 성결한 삶의 열매는 사랑·희락·화평·오래 참음·자비·양선·충성·온유·절제입니다(갈 5:22-23).

성결은 성령 충만의 은혜를 수반하는 성령세례입니다

62. 성결은 점진적 성화 가운데 성령 충만을 통해 순간적으로 받는 성령세례입니다. 중생은 초기 성화이고, 성결은 온전한 성화이며 그리스도인의 완전입니다. 칭의 이후에 오는 특별한 은총으로서 사랑 충만의 은혜이며, 하나님께 봉사할 능력을 받는 것입니다.

현재의 삶 속에서 하나님의 구원을 깊이 체험하며 사는 현재적 구원입니다. 인간의 죄책과 죄의 본성, 즉 부패성에서도 구원받아 죄를 이기고 살아가는 '온전한 구원'입니다.

성결은 점진적 성화의 과정 중에
순간적으로 체험하는 현재적 은혜입니다

63. 성결은 하나님의 특별한 은혜로 성도를 온전하게 하는 복음입니다. 성결의 은혜는 말씀과 기도로 경건의 삶을 힘쓰는 성화의 과정 가운데(살전 4:3; 벧전 1:14-15), 성령의 역사로 순간적으로 체험하게 됩니다. 순간적인 성결을 경험한 성도들은 하나님의 말씀(엡 5:26-27; 히 4:12), 그리스도의 보혈(요일 1:7), 믿음(행 15:8-9), 기도(눅 11:13; 사 6:1-10)를 통해서 계속 성령의 충만을 받아(행 4:31; 엡 5:18), 성결을 유지해야 하며, 궁극적으로 영화3)(롬 8:30)의 단계로 나아가게 됩니다. 성결의 은혜는 죄를 다스리는 하나님의 능력으로(고후 10:4) 성도가 죄를 극복하고 넉넉히 이기게 합니다(롬 8:35-37). 궁극적으로 성결의 은혜는 하나님 아버지의 온전하심과 같이 성도를 온전하게 합니다(마 5:48). 성령세례를 받은 성도는 율법의 완성인 사랑을 온전히 이루게 됩니다(롬 13:10).

✝

제14장

신유

신유는 삼위일체 하나님의 전인적인 치유입니다

64. 삼위일체 하나님은 죄와 마귀와 육신과 환경적 요소로 야기되는 모든 질병과 연약함을 해결하고, 전인적인 치유와 구원의 역사를 펼치십니다. 성부하나님은 치료하시는 하나님이십니다(출 15:26). 성자하나님은 귀신을 내어 쫓고, 병을 고치시며(마 4:23), 우리의 치료를 위한 중보자 되십니다(사 53:5; 행 4:10). 성령하나님은 교회에게 병 고치는 은사를 주십니다(막 16:17-18; 고전 12:9, 28).

신유는 예수 그리스도의 주요한 사역입니다

65. 예수 그리스도는 수많은 치유 사역을 행하셨습니다. 신유란 예수 그리스도의 속죄의 결과와 하나님의 약속에 따라 믿음으로 병 고침을 얻는 것입니다(막 2:5; 5:34). 예수 그리스도의 치유는 죄 사함을 통한 영적인 구원과 육체적 질병의 회복에 유기적 관계가 있음을 드러냅니다(눅 5:20; 요 5:14; 약 5:15-16). 예수 그리스도의 치유는 인간의 영혼과 육체를 온전히 회복시키시는 하나님의 나라의 권세입니다. 하지만 어떤 질병은 죄 때문이 아니라, 하나님께 영광을 돌려드리기 위함입니다(요 9:1-8).

신유는 하나님의 창조 세계를 회복하는 것입니다

66. 신유의 복음은 하나님께서 병든 개인의 영혼과 육체뿐 아니라, 사회와 지구 전체의 생태계를 회복시키시는 복음입니다(롬 8:19-23; 딤전 2:1). 신유는 교회 안에서뿐만 아니라 교회 밖에서 보이지 않는 하나님의 나라를 임하게 합니다. 교회는 예수 그리스도의 이름으로 세상을 가난, 질병, 억압, 전쟁으로부터 자유하게 하는 선교적 사명을 감당함으로써 세상을 하나님의 창조 질서대로 회복시킵니다. 신유는 하나님의 구원의 역사를 통전적으로 이해하는 온전한 복음입니다.

신유의 기도는 병을 낫게 합니다

67. 신유는 신자가 하나님의 보호로 항상 건강하게 지내는 것과 병들었을 때에 하나님께 기도함으로 나음을 입는 복음입니다(마 8:17; 막 11:24). 이 은사는 성도의 영혼과 육신을 안전하게 하는 복음입니다. 따라서 교회가 병 낫기를 위하여 기도하거나 안수하는 일은 당연한 특권입니다(막 16:17-18). 신유는 하나님의 섭리적인 뜻을 구하는 가운데 병 나음의 여부를 믿음으로 받아들이는 것입니다(마 17:20). 따라서 성도는 병 나음을 위해서 하나님께 청원하는 기도를 드려야 합니다(약 5:15). 신유를 믿는다고 해서 의약을 부정하는 것은 아닙니다. 예수 그리스도 십자가 대속의 은총을 믿음으로 고백하는 자에게 구원의 선물이 주어지듯이, 성도는 예수 그리스도를 믿음으로써 질병으로부터 건짐을 받을 수 있습니다(막 5:34).

✝

제15장

재림

예수 그리스도는 재림하십니다

68. 재림은 하나님의 나라 도래의 복음입니다. 재림은 부활승천하신 예수 그리스도께서 하늘로 올라가신 그대로 다시 오시는 것입니다(행 1:9-11). 하나님은 예수 그리스도의 재림을 통해 자신의 인류 구원의 계획을 완성하십니다(요 5:20-29). 예수 그리스도께서는 자신의 재림을 약속하셨고(계 22:7, 12, 20), 성령은 성도가 예수 그리스도의 재림을 준비하게 하십니다(계 2:7, 11, 17, 29; 3:6, 13, 22; 22:17). 예수 그리스도의 초림의 목적은 인류의 죄를 대속(代贖)하시는 것입니다. 예수 그리스도의 재림의 목적은 구원받은 성도들을 맞이하시려고(히 9:28) 승천한 몸 그대로 영광 중에 다시 오시는 것입니다. 따라서 예수 그리스도의 재림은 모든 성도의 소

망이며(빌 3:20-21; 딛 2:13) 모든 피조물의 고대함입니다(롬 8:19). 예수 그리스도의 재림으로 온전한 하나님의 나라가 도래합니다.

69. 예수 그리스도는 천년 시대 이전에 재림하십니다(계 19:11-20:6). 재림의 주님은 하늘로 올라가신 그대로 세상에 다시 오시고 (행 1:9-11), 재림하실 때 그리스도 안에서 죽은 성도가 먼저 일어나고(살전 4:16), 성도는 휴거하여 주님을 영접하고, 어린양 혼인잔치에 참여하여(계 19:7-9) 항상 주와 함께 있을 것입니다(살전 4:17). 어린양 혼인잔치 후 심판의 주께서 성도들과 함께 지상에 강림하시면(행 1:9-11) 거짓 그리스도는 멸망하고 천년왕국이 건설됩니다(계 20:4-6).

재림의 시기는 알지 못합니다

70. 예수 그리스도는 언제 재림하실지 아무도 모릅니다. 그 시기와 때는 하나님께서 숨겨 놓으셨습니다(행 1:7). 성경은 예수 그리스도의 재림이 도적같이, 혹은 임산부의 산통같이 갑자기 부지중에 이루어질 것이라고 합니다(마 24:42-44; 살전 5:1-3; 계 16:15). 예수 그리스도는 성경의 증언대로 다시 오십니다. 예수 그리스도의 재림을 고대하는 성도는 재림의 징조를 잘 분별해야 합니다. 재림의 징조는 거짓 선지자들과 거짓 그리스도의 출현, 난리와 난리

의 소문, 전쟁과 기근이 만연하고, 그리스도인들을 향한 박해와 불법이 성하고 사랑이 식어지고, 복음이 온 세상에 전파되는 것으로 알 수 있습니다(마 24:5-14).

재림은 성도를 그리스도의 순결한 신부로서 예비시킵니다

71. 재림의 주님은 구원받은 성도를 맞이하시고(요 14:3; 히 9:28), 마귀의 세력을 멸절하시며, 정의의 왕국을 세우시고 다스리십니다(계 20:6). 따라서 재림의 날에 죄인은 영원한 심판을 받을 것이고, 성도는 영광을 얻을 것입니다. 그날에는 하나님의 사랑과 공의가 충족될 것입니다(딤후 4:1). 따라서 재림의 복음은 성도에게 신앙생활의 요소이고(살전 3:13), 소망이고(살전 2:19-20), 일깨움이 됩니다(마 24:44; 25:13).

72. 예수 그리스도의 재림을 믿는(눅 17:22-37) 순결한 신부와 같은 성도는 깨어 기도하고(눅 12:39-40), 날마다 자신을 살펴보아(갈 6:1) 성결의 은혜를 구하고, 성결한 삶을 살아야 합니다(요일 3:3). 마지막 때가 이르기 전까지 한 사람이라도 멸망하지 않고, 회개하고 구원받기를 원하시는 하나님의 마음으로, 세계 선교와 전도에 힘써야 합니다(마 24:14; 벤후 3:8-9).

✝

제16장

인류의 구원

예수 그리스도는 인류를 구원하시기 위해
십자가에서 죽으셨습니다

73. 하나님은 인류를 하나님의 형상을 따라 거룩하고 복된 존재로 창조하셨습니다. 그러나 첫 조상 아담이 하나님의 명령을 거역하고 타락했습니다. 첫 사람 아담의 범죄 후, 모든 사람들은 원죄의 부패성과 경향성을 지닌 죄인이 되었습니다. 이로 인하여 모든 사람이 죄를 범하였으매, 하나님의 영광에 이르지 못하게 되었습니다(롬 3:23). 그러나 세상을 사랑하고 긍휼히 여기시는 하나님께서 독생자 예수 그리스도를 이 땅에 보내셨습니다(요 3:16). 예수 그리스도께서는 단번에 죄인을 위하여 죽으셔서 의인으로서 불의한 자를 대신하셨습니다(벧전 3:18). 예수 그리스도께서는 화목제

물로 십자가에서 죽으심으로 모든 죄를 속하시고 영원한 구원의 길을 열어 놓으셨습니다.

인류는 예수 그리스도의 속죄를 통해서 구원을 받을 수 있습니다

74. 인간은 속죄 없이 죄에서 구원받을 수 없습니다(롬 3:23; 갈 2:16). 인간을 사랑하시는 하나님은 인간의 속죄를 위해 자기의 유일한 아들을 세상에 보내셨습니다(요 3:16; 갈 4:4-5). 하나님의 유일한 아들 예수 그리스도께서는 인간의 속죄를 위해 사람이 되셨고, 고난을 받으셨고, 마침내 십자가에 못 박혀 죽임을 당하셨습니다(골 1:22; 요일 2:2). 하나님의 사랑과 예수의 겸비, 고난, 죽음은 인간을 모든 죄에서 구원하는 유일한 능력입니다.

75. 예수 그리스도의 속죄는 모든 사람을 대신하고 위하는 속죄입니다(요 11:50; 롬 5:6, 8; 고후 5:14-15, 21). 예수 그리스도께서는 우리를 위하여 죽으셨습니다. 예수 그리스도의 고난과 죽음은 우리의 죄에 대한 형벌을 대속하는 것입니다.

구원의 은혜는 오직 회개하고 믿는 자들에게 주어집니다

76. 예수 그리스도의 속죄로 인간은 하나님과 화목하게 되었습니다(엡 2:16). 하나님 앞에 설 수 없었던 인간을 하나님께로 가까이 인도했습니다. 따라서 우리는 예수 그리스도를 믿음으로 죄 사함 받고 영생을 얻습니다(롬 10:9-10). 그리스도의 희생제물이 하나님의 율법이 요구하는 것을 충분히 만족시켰고, 이로 말미암아 모든 사람의 구원이 가능하게 되었기 때문에 그리스도의 속죄는 보편적입니다(막 10:45; 딤전 2:6). 하지만 모든 사람이 자동으로 구원을 받는 것이 아니라, 자기 죄를 참되게 회개하고 오직 예수를 주와 그리스도로 믿는 사람만이 구원을 받습니다.

✝

제17장

교회

교회는 하나님이 세우신 거룩한 공동체입니다

77. 교회는 하나님의 백성으로 구성된 예수 그리스도의 몸으로서 성령의 종말론적인 공동체입니다. 교회는 참된 복음이 선포되고 올바르게 성례전이 집행되는 곳입니다. 교회는 장차 올 하나님의 나라의 현재적인 표징으로서 하나님의 부르심을 통해 형성된 하나님의 백성입니다(신 14:2; 딛 2:14). 교회의 머리는 예수 그리스도이십니다(엡 4:15). 성도는 말씀과 성례전을 통해서 예수 그리스도의 지체를 이룹니다(롬 6:3-11; 고전 11:20-34). 하나님이 모든 하나님의 백성에게 성령을 부어 주시겠다고 하신 약속(욜 2:28-32)은 오순절에 성취되었고(행 2:14-21) 교회가 세워졌습니다. 교회는 성령으로 말미암아 하나님께 예배하고 성도와 교제하는 거룩

한 공동체입니다(행 4:31-35).

교회는 하나입니다

78. 만유의 아버지시고, 만유 위에 계시고, 만유를 통일하시고, 만유 가운데 있는 한 분 하나님 안에서 교회는 하나입니다(엡 4:6). 또한, 교회의 머리이신 예수 그리스도를 믿는 믿음 안에서 교회는 하나입니다(엡 1:10, 22-23; 요 15:4). 성령은 이러한 교회를 평안의 매는 줄로 하나 되게 하십니다(엡 4:3). 이와 같이 교회는 삼위일체 하나님의 부르심을 받아 한 분 하나님을 주로 고백하는 한 소망의 공동체로서, 누구나 한 세례를 받아 한 몸을 이루고 성찬을 나누는 하나의 공동체입니다(엡 4:4-5; 고전 12:13).

79. 보이는 교회는 전적으로 보이지 않는 교회로 인해 생명이 있으며, 보이지 않는 교회는 보이는 교회에서 나타납니다. 구약의 하나님의 백성을 위한 비전이 신약의 교회에서 성취되었습니다. 또한, 모든 다양한 지역교회는 복음 안에서 하나입니다(갈 1:6; 고후 11:4).

교회는 거룩합니다

80. 교회는 하나님의 거룩한 백성이요 제사장입니다(벧전 2:5, 9-10). 예수 그리스도께서는 교회를 사랑하사 교회를 위하여 자신을 주시고 물로 씻어 말씀으로 깨끗하게 하사 거룩하고 흠이 없게 하십니다(엡 5:25-26). 성령께서는 성도를 거룩하게 하시고(살후 2:13) 거룩한 삶의 열매를 맺게 하십니다(갈 5:22-23).

교회는 보편적입니다

81. 하나님은 예수 그리스도 안에서 모든 사람이 구원 얻기를 원하십니다(롬 11:32; 딤전 2:4). 교회는 참된 믿음을 고백하고 구원받은 자들로 구성된 하나님의 집이자, 가족입니다(엡 2:19). 예수 그리스도께서는 교회에게 땅 끝까지(행 1:8) 모든 족속으로 제자를 삼아 세례를 주고 가르쳐 지키게 하라 하십니다(마 28:19-20). 교회의 복음 전파를 통해 하나님의 나라의 보편성은 확장됩니다. 다양한 성격을 가지고 있는 모든 지역교회는 예수 그리스도의 보편적 교회입니다.

교회는 사도적입니다

82. 교회는 사도들이 신앙의 증거를 통해 전하여 준 말씀에 기초하며, 사도들의 과업과 직분을 계승합니다(마 10:40; 요 20:21; 엡 2:20). 성부께서 예수를 보내시고, 예수께서 사도들을 보내시어 교회를 세우셨으므로, 교회는 사도적 권위와 직임과 선교적 사명을 가집니다(요 14:12; 20:21). 예수께서 교회에 직분을 주시므로(엡 4:11) 교회의 직분은 직업이 아니라 소명입니다. 모든 신자는 그리스도의 생명을 가진 자들로서 모두가 거룩하며 함께 교회를 섬기고, 예수 그리스도께서는 각 사람에게 은사에 따라 직분을 주셔서 성도를 온전하게 하여 봉사를 하게 하며, 그리스도의 몸인 교회를 세우십니다(엡 4:12).

83. 성령은 교회의 질서 유지와 건강과 성장을 위해 지도자를 임명하십니다(막 3:14; 눅 10:1; 행 14:23). 교역자[4]는 말씀과 기도(행 6:1-4), 교육과 행정을 통해 교회와 성도를 세우는 직무를 수행하고(엡 4:11-12), 교직자[5]는 교회의 사회적이고 실무적인 일들을 수행하는 직무로 섬깁니다(행 6:1-6; 롬 16:1; 딤전 3:8-13). 교역자는 성도를 온전하게 하는 자들로서 권위를 가지며, 성도는 교역자를 통해 온전하게 되어 봉사하는 자로서 교역자의 권위를 존중합니다(엡 4:11-12).

84. 예수 그리스도는 교회를 세상으로 보내십니다. 예수 그리스도께서는 각 사람에게 능력을 주시고, 모든 족속을 제자로 삼게 하시고, 세례를 베풀게 하시고, 예수께서 분부하신 모든 것을 가르쳐 지키게 하십니다(마 28:18-20; 행 1:8).

✝

제18장

만인제사장직

예수 그리스도만이 유일한 대제사장이고 중보자이십니다

85. 인간의 죄를 사하시고 죄로부터 인간을 구원하실 영원한 대제사장은 오직 한 분, 예수 그리스도이십니다(히 7:20-28). 하늘과 땅에서, 하나님과 죄인 된 인간을 화해시키시고 막힌 담을 허실 분은 오직 한 분 예수 그리스도이십니다(엡 2:14-18). 그는 우리의 연약함을 동정하지 못하실 분이 아니시며(히 4:15-16) 유일한 중보자이십니다(딤전 2:5). 예수 그리스도의 중보 사역을 통하여 우리의 죄가 사함 받으며(롬 8:31-34) 하나님과 평화를 누립니다.

모든 성도는 제사장의 특권이 있습니다

86. 예수 그리스도와 연합한 신약의 모든 성도들(롬 6:3-6)은 누구나 만민의 구원을 위하여 도고(딤전 2:1)할 제사장의 특권이 있습니다. 예수를 그리스도로 고백한 모든 성도들은 제사장과 같은 인간 중보자가 없이도 거룩한 성도이자 동등한 하나님의 자녀로서(벧전 2:9), 성도는 성령의 도우심으로 하나님께 직접 예배하고 교통할 수 있습니다. 스스로가 스스로에 대하여 제사장이 되며, 만인의 구원을 위하여 기도하며 찬미의 제사(히 13:15-16)를 드리는 만인 제사장의 특권을 소유합니다.

모든 성도는 제사장의 사역으로 부름 받았습니다

87. 예수 그리스도는 섬김을 받으러 온 것이 아니라, 섬기고 자신의 몸을 대속물로 주려고 오셨습니다(막 10:45). 모든 그리스도인도 섬김(diakonia6))으로 부름 받았습니다(행 6:1-7). 우리는 섬김을 받는 것이 아니라 섬기러 왔다고 말씀하신 예수 그리스도의 제자이기 때문입니다. 특히, 구원받은 성도는 만민에게 복음을 증거하여 하나님께로 인도하고 중보하는 직무를 수행하는 거룩한 제사장입니다(벧전 2:9). 성도들은 이 직무에 합당한 삶을 살기 위해 힘써야 합니다(벧전 2:5).

✝

제19장

성례전

성례전은 은혜의 수단입니다

88. 성례전은 하나님이 인류에게 주시는 은혜의 수단입니다. 하나님의 자기 주심에 대한 표지로서, 예수 그리스도께서 직접 말씀하여 세우셨습니다(마 28:19; 눅 22:19). 성례전은 하나님이 베풀어 주시는 은총을 현재적으로 체험하게 할 뿐 아니라, 종말론적인 하나님의 은총을 앞당겨 경험하게 하고, 사람들이 구원에 참여할 수 있도록 인도하는 거룩한 표지입니다. 예수께서 직접 세우신 성례전은 세례와 성찬뿐입니다. 이 성례전이 거행될 때 성례의 효과는 그것을 거행하는 자의 경건이나 의도에 의지하지 않습니다. 또한 그 성례가 거행될 때 기계적으로 효과가 저절로 나타나는 것도 아닙니다. 성례의 효과는 성례를 성례되게 하시는 하나님께 있습니

다. 성례의 효과는 성령의 역사와 하나님의 말씀이 동반하여 이루어질 때 가능합니다.

세례는 예수 그리스도께서 제정하신 성례입니다

89. 세례는 예수 그리스도께서 제정하시고 거행하라고 명령하신 성례입니다. 세례는 은총의 수단으로서 하나님이 세례의 성례를 통해 우리에게 은총을 주십니다. 우리는 세례의 은총을 통해서 주님과 연합된다는 것을 확신할 수 있습니다. 따라서 세례는 하나님의 은총의 표지이면서 동시에 신자 됨의 표지입니다. 예수 그리스도께서 아버지와 아들과 성령의 이름으로 세례를 주라고 명령하심(마 28:19)에 따라 교회는 삼위일체 하나님의 이름으로 세례를 주었습니다. 초기의 교회가 예수 그리스도의 이름으로 세례를 준 것(행 2:38)은 교회 세례가 예수 그리스도의 삶과 사역과 죽으심과 부활에 그 근거를 두고 있다는 것을 의미합니다. 교회의 세례는 삼위일체 하나님의 이름으로 베풀며, '회개-수세-성령을 선물로 받는 것-첫 성찬'이라는 네 단계를 포함하고 있습니다(행 2:37-42).

성찬은 예수 그리스도께서 제정하신 성례입니다

90. 성찬은 예수 그리스도께서 세우시고 거행을 명령하신 성례입니다(막 14:22-25). 예수께서는 이것을 행하여 나를 기념하라(고전 11:23-26)고 하셨습니다. 교회가 행하는 성찬은 유월절 식사의 새로운 형태(파스카[7] 잔치[8])로서 하나님의 어린양을 통한 구원을 상기시키며, 어린양의 혼인잔치를 대망하게 합니다(출 12:1-14; 계 19:9). 하나님은 성령의 능력으로 말미암아 예수 그리스도 안에서 성찬의 성례를 통하여 우리에게 은혜를 주십니다. 성찬은 하나님의 선하심을 맛보아 알게 하는 은혜의 수단입니다. 하나님은 자기를 비어 종의 형체를 가지신(빌 2:7) 예수 그리스도 안에서 우리에게 자신을 내어 주셨습니다. 성찬은 영적 자양분으로써 우리의 신앙을 더욱 깊게 합니다. 그리스도인은 성찬을 경험하면서 죄 사함에 대한 확신(마 26:28)과 영생에 대한 확증(요 6:51-58)을 받습니다.

✝

제20장

세례

세례는 예수 그리스도와 연합하는 것입니다

91. 세례는 예수 그리스도와 연합하는 것입니다. 예수의 이름으로 세례를 받는 것은 예수 십자가와 부활을 믿고 예수 그리스도께 자신을 온전히 내어 맡긴다는 것을 의미합니다. 세례를 통하여 예수 그리스도와 연합한 사람은 예수의 죽으심과 합하여 함께 옛사람을 장사지내고, 부활하신 그리스도와 함께 새 생명 안에서 일어나게 됩니다(롬 6:3-5). 이는 그리스도에게 일어난 일이 세례 받는 사람에게도 체험되는 은혜의 사건입니다. 세례를 통해 예수 그리스도와 연합한 사람이 옛 아담을 십자가에 못 박고 새롭게 경험한 생명의 부활을 경험하는 확신의 행위입니다.

세례는 교회와 연합하는 것입니다

92. 교회의 머리는 예수 그리스도이고 몸은 성도입니다. 세례는 한 성령으로 말미암아 모두 동일하게 그리스도로 옷을 입어 인종, 사회적 지위, 성의 차별을 극복하고 그리스도와 한 몸이 되는 것입니다(고전 12:13; 갈 3:26-29). 그리스도의 몸 안에서 교회는 세례도 하나요, 하나님도 한 분(엡 4:4-6)으로 고백합니다. 세례는 거룩하고 보편적이고 사도적인 한 교회를 실현하는 것입니다. 우리는 세례를 통해서 한 교회의 정식 교인이 됩니다. 따라서 세례는 교회 공동체가 모인 가운데 이루어지며, 공동체는 세례 받은 자를 그리스도의 장성한 분량에 이르기까지 양육해야 합니다.

세례는 중생의 표지입니다

93. 세례는 중생의 씻음과 성령의 새롭게 하심의 표로서(딛 3:5) 원 세례의 모습은 흐르는 물에 완전히 담갔다가 물속에서 나오게 하는 방식이었습니다. 수세자는 이러한 세례를 통해서 새 사람, 새 인격, 새 생명으로 거듭났음을 확신합니다.

세례는 죄 씻음의 예전입니다

94. 세례를 받고자 하는 사람은 먼저 철저하게 자기 죄를 고백하고, 마음과 삶이 변화되어야 합니다(행 2:38). 예수 그리스도의 이름으로 받는 세례는 보혈의 공로로 용서함을 받고 악한 양심으로부터 벗어난 이들의(히 10:22) 죄를 씻는 증표입니다(행 22:16). 세례는 성령 안에서 거룩함과 의롭다 하심을 얻게 합니다. 물로 몸을 씻는 것처럼, 세례는 죄 씻음의 예전입니다.

세례는 성령 인침의 표입니다

95. 성령은 예수께서 세례를 받으실 때에 그리스도이심을 계시하셨습니다(막 1:10-11). 제자들은 오순절에 예수께서 약속하신 성령세례를 받았습니다(행 2장). 초대교회의 세례 받은 자들은 성령의 선물을 받았고(행 2:38), 고넬료의 가정은 성령이 임하시고 세례를 받았으며(행 10:44-48), 에베소의 제자들에게는 세례를 받고 안수를 받을 때 성령이 임하셨습니다(행 19:5-6). 세례는 성령의 임재와 인(印)치심의 표입니다(엡 1:13-14).

✝

제21장

성찬

성찬은 예수 그리스도의 희생의 성례입니다

96. 성찬을 제정하시면서 예수께서는 이것이 죄 사함을 얻게 하려고 많은 사람을 위하여 흘리는 바 나의 피 곧 언약의 피라고 말씀하십니다(마 26:28). 또한, 이 잔은 내 피로 세우는 새 언약이니 곧 너희를 위하여 붓는 것이라 말씀하십니다(눅 22:20; 고전 11:25). 예수 그리스도는 대제사장으로서 하나님께 자신을 희생제물로 바치셔서 우리 죄를 속량하신 새 언약의 중보자이십니다(히 9:14-15). 성찬은 예수 그리스도께서 십자가에서 단번에 이루신 희생에 대한 확실한 표지로서 예전으로 시행하는 것입니다.

성찬은 기념하는 사건입니다

97. 예수께서는 성찬을 행하여 나를 기념하라고 하셨습니다(눅 22:19; 고전 11:24). 여기서 '기념'(anamnesis[9])은 단순한 과거의 회상이나 기억이 아닙니다. 기념하라는 명령은 예수께서 제자들과 거행하신 성찬을 성령의 은혜 가운데 기억하고, 회상해서, 우리의 삶의 자리인 지금 여기에서 재연하고, 재현해서, 다시 알고, 새롭게 경험하라는 말씀입니다. 이것은 성령의 능력으로 그때 거기에서 일어난 일을 지금 여기 주님의 식탁에서 다시 새롭게 경험하는 하나님의 은혜입니다.

성찬은 예수 그리스도의 몸과 피에 참여하는 것입니다

98. 성찬은 하나님과 성도, 목회자와 성도, 성도와 성도의 교통과 교제를 가능케 하는 신비한 영적 사건입니다. 성도가 예수 그리스도의 몸과 피에 참여(koinonia[10], 고전 10:16-17)하는 것이 가능한 것은 최후의 만찬에서 예수 그리스도께서 떡과 포도주를 자신의 몸과 피와 동일시하셨기 때문입니다. 초대교회로부터 성찬을 거행할 때 한 덩어리의 떡과 한 잔에 들어 있는 포도주를 함께 나누는 것은 참여하는 사람들의 연합의 표지였습니다. 예수께서는 하나님의 떡은 하늘에서 내려 세상에 생명을 주는 것(요 6:33)이라 말

씀하셨습니다. 또한, 나는 생명의 떡이니 내게 오는 자는 결코 주리지 아니할 터이요 나를 믿는 자는 영원히 목마르지 아니하리라 (요 6:35) 말씀하셨습니다.

성찬은 하나님께 감사하는 것입니다

99. 성찬은 감사(eucharist[11])입니다(눅 22:18-19). 초대교회 성도들은 하나님의 구원의 은혜를 감사하며 기쁨과 순전한 마음으로 떡을 떼었습니다(행 2:46). 이 성찬은 하나님께서 예수 그리스도를 통해 이루시고 경험하게 하시는 구속의 일들에 감사하는 기쁨의 향연이었습니다.

성찬은 천국잔치를 미리 경험하는 것입니다

100. 성찬에는 예수 그리스도를 통해서 이루신 하나님의 새 언약으로서의 창조와 타락 이후의 구원의 역사가 담겨 있습니다(고전 11:26). 예수께서는 마지막 만찬에서 너희로 내 나라에 있어 내 상에서 먹고 마시며, 또는 보좌에 앉아 이스라엘 열두 지파를 다스리게 하려 하노라(눅 22:30) 하고 말씀하셨습니다. 종말에 임할 하나님의 나라에서는 성대한 천국잔치가 베풀어집니다. 우리가 먹고

마시는 성찬은 천국에서 참여하게 될 주님의 식탁을 미리 맛보는 것입니다. 성찬의 나눔 가운데 성령의 임재로 하나님의 나라를 맛보는 은혜가 있습니다. 이 식탁에 성령 임재의 은혜가 있습니다. 또한 성도의 식탁의 나눔인 애찬은 성찬으로 승화(눅 22:17-20)되며, 예수 그리스도의 생명을 주어 먹게 하신 오병이어의 나눔(요 6:26-58)은 성도의 구제와 삶의 나눔으로 확장되어 실현됩니다.

✝

제22장

하나님의 나라

하나님의 나라는 이미 시작되었고 아직 완성되지 않았습니다

101. 하나님의 나라는 성육신하신 예수 그리스도의 중요한 선포 내용이었습니다(막 4:26; 눅 4:43). 예수 그리스도께서 하나님의 성령을 힘입어 귀신을 쫓아내셔서, 하나님의 나라가 이미 우리 가운데 임하셨음을 확증하셨습니다(마 12:28). 회개하고 복음을 믿으라는 예수 그리스도의 말씀이 전파되는 곳에 하나님의 나라는 가까이 있습니다(막 1:15). 하나님의 나라는 예수 그리스도의 재림과 함께 시작되는 천년왕국 이후에 완성됩니다.

102. 이 세대는 이미 시작한 하나님의 나라와 아직 완성되지 못한 하나님의 나라 사이에 있습니다. 예수 그리스도께서 오셔서 모

든 원수를 완전히 제거하기 전까지는 빛과 어둠이 공존합니다. 바울은 예수의 생명이 현재 우리 죽을 육체 속에 나타내신 바 되었으나(고후 4:10-11) 이 새 생명이 나타난 것은 잠정적이요 미완성된 상태이기 때문에, 성도들에게 그것이 나타내신 바 된 동시에 감추어져 있다고 합니다(골 3:3). 하나님의 나라는 오고 있습니다. 하나님의 인류 구원 계획은 인류 역사 전체에 관련된 것입니다. 하나님은 예수 그리스도를 통해서 인류 역사에 구체적으로 개입하셨고, 아직 온전히 도래하지 않은 하나님의 나라가 인류 역사 가운데 오고 있습니다. 성도는 이 믿음과 소망 가운데 하나님의 나라에 합당한 삶을 살아갑니다.

하나님의 나라는 궁극적으로 도래합니다

103. 예수 그리스도의 재림 이후에 예수 그리스도와 그리스도인이 천년 동안 통치합니다(계 20:4). 그러나 사단의 미혹을 받은 사람들은 예수 그리스도와 그리스도인을 대적할 것입니다. 그때 하늘에서 불이 내려와 그들을 태워 버릴 것이고(계 20:9) 그들을 미혹한 사단도 불과 유황의 바다로 던져질 것입니다(계 20:10). 그곳은 적그리스도와 거짓 선지자들이 있는 곳입니다. 거기에서 그들은 영원히, 밤낮으로 고통을 당할 것입니다(계 20:10). 이 일 후에 죽은 자들이 심판을 받을 것입니다(계 20:12). 하나님 앞에는 두 종류

의 책(계 20:12)이 펼쳐집니다. 이 책에는 모든 사람의 행위가 기록되어 있고, 모든 사람은 책들에 기록된 자기들의 행위대로 심판을 받을 것입니다(계 20:12). 생명책에는 예수를 그리스도로 믿은 사람의 이름이 기록되어 있고, 그 이름이 생명책에 기록되지 않은 사람은 다 불바다에 던져질 것입니다(계 20:15).

104. 사단과 불신자들(계 20:10), 사망까지도 불 못에 던져짐으로써(계 20:13) 예수 그리스도의 심판과 승리가 완성될 것입니다. 하나님의 나라는 예수 그리스도를 통한 삼위일체 하나님의 구속의 통치입니다. 하나님의 나라는 하나님께서 예수 그리스도를 통해 모든 원수를 멸망시키시고, 예수 그리스도께 속한 자들을 구원하고 다스리고 축복하는 것입니다(고전 15:25-26).

하나님의 나라는 새 하늘과 새 땅으로 완성됩니다

105. 사단과의 최후 전쟁이 끝나고, 사단과 불신자들이 불바다에 던져지면 새로운 시대가 시작됩니다. 새 시대에 하늘과 땅을 비롯한 만물이 새롭게 될 것입니다. 그리스도인은 부활의 몸으로서 새 세상을 영원히 살며 하나님의 사랑과 복을 누릴 것입니다(계 21:3).

106. 하나님의 나라에서는 하나님께서 생명수 강가로 성도들을 인도하시고 모든 아픔을 치료하십니다(계 22:1-2). 사망이 없으며, 애통과 곡하는 것과 아픈 것이 다시 있지 않습니다. 저주와 죽음의 흔적을 지닌 이전 것들이 다 지나갑니다(계 21:3-5). 하나님의 나라는 하나님의 의로 통치되며(벧후 3:13), 처음 하늘과 처음 땅이 없어지고 바다도 사라진 온전한 새 하늘과 새 땅이 됩니다(계 21:1).

107. 새 하늘과 새 땅은 주님의 얼굴을 보며 사는 곳이며, 주님과 함께 영원히 왕 노릇 하며, 하나님을 찬양하며 예배하는 곳입니다. 수정과 같이 맑은 생명수의 강이 길 가운데로 흐르며, 강 옆에 심겨진 열매 맺는 나무마다 소산이 넘쳐나며, 사나운 들짐승들이 온순해지며, 구원받은 성도들은 하늘의 해와 별과 같이 찬란히 빛나는 영광 가운데 영원히 살 것입니다(단 12:3; 마 13:43).

2부
기독교대한성결교회
대 교리문답서

✝

대 교리문답 1.

성경

문1. 성경은 어떤 책입니까?

답: 성경은 하나님의 말씀으로서(히 4:12-13), 교회의 유일한 정경이고, 신앙과 생활의 표준이며, 교회의 규범입니다. 성경은 우리에게 모든 진리를 보여 주고(고전 2:9-13), 우리는 성경을 통해 온전하게 됩니다(딤후 3:16-17).

문2. 성경은 어떻게 기록되었습니까?

답: 성경은 성령의 지시와 허락과 감동하심을 받은 사람들이 오류나 약점이나 실패 없이 하나님께 받아서 기록하였습니다(딤후

3:16; 벧후 1:21).

문3. 구약성경은 무엇입니까?

답: 구약성경은 창세기, 출애굽기, 레위기, 민수기, 신명기, 여호수아, 사사기, 룻기, 사무엘상, 사무엘하, 열왕기상, 열왕기하, 역대상, 역대하, 에스라, 느헤미야, 에스더, 욥기, 시편, 잠언, 전도서, 아가, 이사야, 예레미야, 예레미야 애가, 에스겔, 다니엘, 호세아, 요엘, 아모스, 오바댜, 요나, 미가, 나훔, 하박국, 스바냐, 학개, 스가랴, 말라기로서, 39권입니다.

문4. 신약성경은 무엇입니까?

답: 신약성경은 마태복음, 마가복음, 누가복음, 요한복음, 사도행전, 로마서, 고린도전서, 고린도후서, 갈라디아서, 에베소서, 빌립보서, 골로새서, 데살로니가전서, 데살로니가후서, 디모데전서, 디모데후서, 디도서, 빌레몬서, 히브리서, 야고보서, 베드로전서, 베드로후서, 요한1서, 요한2서, 요한3서, 유다서, 요한계시록으로서, 27권입니다.

문5. 구약의 계명 중 신약 시대에도 유효하고 성도가 지켜야 하는 계명은 무엇입니까?

답: 구약의 도덕 계명에 순종하고, 구약 예법과 의식에 포함된 영적 가르침과 윤리적 가르침을 지킵니다.

문6. 무엇으로 성경을 해석합니까?

답: 성경은 스스로 진리를 드러냅니다. 또한 성경 해석의 핵심과 성경을 관통하는 주제는 복음입니다(눅 24:44-47). 중생, 성결 신유, 재림의 사중복음은 성결교회가 강조하는 온전한 복음의 핵심으로서 성경 해석의 기본이 됩니다.

문7. 성경의 통일성은 어떻게 이루어집니까?

답: 성경의 통일성은 예수 그리스도를 통한 하나님의 구원으로 이루어집니다(요 5:39; 딤후 3:15).

문8. 성경의 목적은 무엇입니까?

답: 성경의 목적은 온전한 구원입니다. 성경은 하나님의 뜻을 온전히 포함하고, 그리스도 예수를 믿음으로 구원에 이르는 길을 보여 줍니다(딤후 3:15-16).

문9. 성경의 다양성은 어떻게 이해됩니까?

답: 하나님은 서로 다른 역사적 상황 속에서 활동하셨습니다. 따라서 성경의 문체, 구조, 어휘, 배경 등은 다양하고, 이러한 다양성은 성경의 진리를 풍부하게 나타내 줍니다. 그러나 동시에 이러한 다양성 속에서도 철저한 통일성이 있음은 성경의 기록이 한 분 하나님에 의한 것임을 증거 해 줍니다.

문10. 성경을 어떤 태도로 대하여야 합니까?

답: 성경을 하나님의 말씀으로 받고(살전 2:13), 굳게 지키고(고전 15:2; 살후 2:15), 계속 배워(딤후 3:14-17), 심령 속에 풍성하게 해야 합니다(골 3:16).

†

대 교리문답 2.

복음

문11. 복음은 무엇입니까?

답: 복음은 하나님의 나라에 관한 좋은 소식으로서(마 4:23), 하나님의 아들 예수 그리스도에 관한 모든 진리입니다(막 1:1; 롬 1:2). 예수 그리스도는 복음의 핵심입니다.

문12. 복음의 능력은 무엇입니까?

답: 복음은 모든 믿는 자에게 구원을 주시는 하나님의 능력으로서(롬 1:16), 인간의 온몸과 마음과 영혼을 온전하게 구원합니다(살전 5:23).

문13. 중생, 성결, 신유, 재림의 사중복음은
복음의 핵심이라 말할 수 있습니까?

답: 복음은 하나님의 아들 예수 그리스도로 말미암아 우리에게
주어지는 하나님의 구원의 은총입니다(롬 1:16). 하나님의 구원의
은총은 신자를 거듭나게 하고, 성결하게 하고, 치유하고, 재림의 소
망 가운데 공의로 살게 합니다. 따라서 사중복음은 복음의 핵심입
니다.

문14. 중생, 성결, 신유, 재림의 사중복음은
성경 전체를 아우르고 관통하는 성경 해석과
성경 설교와 성경 교육의 주요 구조가 될 수 있습니까?

답: 성경 전체가 궁극적으로 증언하는 것은 하나님의 아들 예수
께서 그리스도라는 복음입니다(마 16:16; 행 2:36). 성경은 복음의
관점에서 해석하고 실천해야 합니다(눅 24:44-47). 중생, 성결, 신
유, 재림의 사중복음은 성경이 증언하는 복음의 네 가지 핵심 내용
이고 따라서 성경 전체를 이해하는 주요 구조가 됩니다.

문15. 중생, 성결, 신유, 재림의 사중복음에 담겨 있는 전인적 가치는 무엇입니까?

답: 중생은 죄를 용서받아 의롭다 함을 받고(요 3:3-5), 하나님과 화해하는 생명의 가치입니다. 성결은 원죄의 부패성을 제거하고 성령을 좇아 열매 맺는 사랑의 가치입니다(갈 5:22-23). 신유는 성령의 권능으로 성도의 온몸과 마음이 고침을 받고(마 10:1; 약 5:13-16), 탄식하는 세상의 피조물을 온전케 하는 회복의 가치입니다. 재림은 그리스도께서 세상에 다시 오셔서 모든 선과 의로 심판하실 것을 믿기에 선함과 의로움으로 사는 공의의 가치입니다(살후 1:5-10; 계 22:12).

삼위일체

문16. 성경의 하나님은 몇 분이십니까?

답: 하나님은 본질에 있어서 오직 한 분 하나님이십니다(사 45:21-22; 고전 8:4; 갈 3:20; 딤전 2:5).

**문17. 본질에 있어서 하나이신 하나님은
그 신성 안에 몇 위가 계십니까?**

답: 하나님은 그 신성 안에 성부와 성자와 성령의 삼위가 계십니다(요 1:14; 행 5:3-4; 롬 1:7; 고전 3:16; 고후 13:13).

문18. 성부와 성자와 성령은 삼위로서 어떻게 존재하십니까?

답: 삼위일체 하나님은 본질적으로 서로 구별되시나, 서로 분리
되거나 서로 흡수되지 않습니다. 삼위일체 하나님은 각각 그리고
함께 영원하신 유일신으로서 세상을 창조(창 1:1), 섭리(엡 1:1, 4,
11; 3:2), 구원(엡 2:8), 통치(골 1:15-17)하십니다.

**문19. 하나님의 신성 안에 있는 삼위는
어떻게 구별되어 존재하십니까?**

답: 성부는 존재 근거가 필요 없으신 분이십니다. 성자는 성부에
게서 나셨습니다(요 1:14, 18). 성령은 성부와 성자에게서 나오셨습
니다(갈 4:6).

**문20. 성부와 성자와 성령의 삼위일체 하나님은
어떻게 하나가 되십니까?**

답: 성부, 성자, 성령은 서로 안에, 서로를 통해, 서로가 함께 상
호 내주(內住) 하십니다(요 1:1; 10:30; 행 5:3-4; 빌 2:6; 요일 5:6-
8). 상호 내주의 원인과 원칙은 거룩한 사랑입니다.

문21. 삼위일체 하나님의 속성 중에
자신과 관련된 절대적인 속성은 무엇입니까?

답: 하나님은 영이시고(요 4:24), 유일하시고(신 6:4; 고전 8:4), 자존하신 분이시고(출 3:14), 영원하시고(출 15:18; 신 33:27; 시 102:12; 사 40:28; 렘 10:10; 롬 1:20), 광대하시고(대하 6:18; 사 66:1; 렘 23:24), 불변하시고(시 102:27; 말 3:6; 약 1:17), 완전하십니다 (마 5:48).

문22. 삼위일체 하나님의 속성 중에
세상과 관련된 상대적인 속성은 무엇입니까?

답: 하나님은 어디에나 계시고(렘 23:23-24), 무엇이든 하실 수 있고(시 115:3; 렘 32:17), 모든 것을 아시고(시 139:12; 147:5; 롬 11:33; 히 4:13; 요일 3:20), 지혜로우시고(욥 12:13; 시 104:24), 선하시고(시 23:6), 인자하십니다(시 52:1; 롬 2:4).

문23. 하나님의 속성 중에 도덕적인 속성은 무엇입니까?

답: 하나님은 거룩하시고(출 15:11; 사 6:3; 시 71:22; 계 4:8;

15:4), 사랑이시고(롬 5:8; 요일 4:10, 16), 정의로우시고(시 19:9; 시 89:14; 사 45:21; 습 3:5; 롬 2:6; 계 15:3), 진리이시고(시 31:5), 자비로우십니다(시 145:9; 딛 3:4).

문24. 성부와 성자와 성령의 삼위일체 하나님은 세상 속에서 어떻게 사역하십니까?

답: 성부와 성자와 성령 삼위의 창조, 구속, 성화는 삼위일체의 공동사역이면서, 세상 속에서 사역하실 때에 창조는 성부(창 1:1), 구원은 성자(막 10:45), 성화는 성령의 사역(딛 3:5)으로 점유됩니다. 이 점유는 삼위의 일체성 속에서 세 위격의 구분을 나타내 줍니다.

문25. 교회는 삼위일체 하나님의 사역에 어떻게 참여합니까?

답: 교회는 한 분 하나님을 믿고 예배합니다(신 6:4-5; 고전 8:4). 또한 성부와 성자와 성령의 이름으로 세례를 베풀고(마 28:19), 축복하고(고후 13:13), 서로 연합합니다(요 17:21).

✝

성부하나님

문26. 하나님은 어떤 분이십니까?

답: 하나님은 유일무이한 하나님이십니다(신 4:39; 6:4; 딤전 2:5).

문27. 하나님의 속성은 어떻게 이해됩니까?

답: 하나님의 모든 속성은 분리될 수 없도록 서로 연합되어 있기 때문에 전체적으로 이해해야 합니다. 한 속성이 과도하게 강조되면 다른 속성들은 무시되거나 잘못 이해될 수 있습니다.

문28. 사람은 하나님의 속성을 어느 정도 닮을 수 있습니까?

답: 하나님은 인간이 하나님의 속성을 닮길 원하십니다. 하나님
은 우리가 하나님의 분량만큼 완전히 닮길 원하시지 않고, 우리에
게 주어진 역량과 범위만큼 닮길 원하십니다.

문29. 하나님의 전능하심은 무엇입니까?

답: 하나님은 천지 만물과 인간을 자유롭게 창조하시고(창 1:1)
그 뜻대로 통치하시고 그 목적대로 보존하시며(골 1:15-17), 만물
과 인간을 치료하셔서 새롭게 하십니다(계 21:1-5).

문30. 하나님의 아버지 되심이란 무슨 의미입니까?

답: 하나님은 창조주로서 만물의 아버지이시고(고전 8:6), 이스
라엘(신 32:6)과 주 예수 그리스도(막 14:36; 눅 23:46)와 그리스도
인(요 1:12)의 아버지이십니다. 하나님은 아버지의 능력과 사랑으
로 만물과 사람과 특별히 자기 자녀인 그리스도인을 사랑하시고
돌보십니다(렘 3:19; 호 11:1; 요 3:16; 요일 4:9).

문31. 하나님은 어떻게 창조하셨습니까?

답: 하나님은 말씀으로 자유롭게 무에서 유를 창조하셨습니다 (창 1:1). 창조주 하나님은 지금도 구원의 완성을 향해 모든 것을 통치하시고 보존하시고 섭리하십니다(엡 1:1, 4, 11; 3:2; 골 1:15-17). 태초에 천지를 창조하신 하나님은 종말에 새 하늘과 새 땅을 창조하십니다(계 21:1).

문32. 하나님의 창조가 드러내는 것은 무엇입니까?

답: 하나님의 창조는 하나님의 속성을 드러냅니다. 우주의 광대함과 복잡함은 하나님의 무한한 능력을, 우주의 질서와 완전은 하나님의 무한한 지혜와 지식을, 인간의 창조는 하나님의 거룩한 사랑을 드러냅니다(롬 1:20).

문33. 창조신앙이란 무엇입니까?

답: 창조신앙은 하나님이 창조주이심(창 1:1)을 선언하고 온 우주와 인간은 피조물임(창 1:27)을 고백하는 것입니다. 창조주 하나님은 절대적이고 초월적이시며 온 우주의 주인이심을 선언하고, 피

조물 인간은 유한한 존재로 창조주 하나님께 모든 것을 전적으로 의존해야 함을 고백하는 것입니다.

문34. 하나님은 인간을 어떤 존재로 창조하셨습니까?

답: 하나님은 인간을 하나님의 선한 청지기로 창조하셨습니다(창 1:28; 2:15). 인간은 하나님의 형상(창 1:27)으로 창조되어 하나님을 사랑하고 섬기며 피조물을 사랑하고 섬깁니다.

문35. 우리는 하나님의 새 창조에 어떻게 참여합니까?

답: 하나님은 인간과 만물을 새롭게 하시는 새 창조 사역에 그리스도인을 동참시키십니다(마 28:18-20; 롬 8:19-23). 따라서 우리는 그리스도인으로서 성결의 은혜를 받아 하나님의 형상을 회복하고 하나님과 함께 죄인의 구원과 병든 생태계의 회복에 헌신합니다.

문36. 하나님의 섭리는 무엇입니까?

답: 섭리는 성부(요 5:17), 성자(골 1:17; 히 1:3), 성령(시 104:30)

하나님께서 그분의 만드신 세계를 통치하시고, 보존하시고(느
9:6), 보호하시는(시 36:6) 활동입니다. 삼위일체 하나님은 그의 능
력의 말씀으로 모든 사물을 지탱하십니다(행 17:25, 28; 골 1:17). 하
나님은 그가 만드신 세계를 유지하시고, 보살피시고, 하나님의 부
드러운 자비는 그의 모든 피조물 위에 있습니다. 따라서 모든 피조
물은 썩어짐의 종노릇 하는 데서 벗어나 하나님 자녀의 영광의 자
유에 이르게 됩니다(롬 8:21). 결국 모든 것이 합력하여 선을 이루
게 하시는 하나님의 구원 경륜입니다.

문37. 하나님의 섭리와 인간의 자유의지는 어떤 관계입니까?

답: 하나님은 자기의 뜻과 의지에 따라 창조하신 사람을 섭리 가
운데 통치하시고, 인간의 자유의지 가운데 은총의 빛을 비추어 주셔
서 인간이 선한 길을 택하여 걸어갈 수 있도록 은혜를 베푸십니다.

문38. 하나님의 섭리와 죄는 어떤 관계입니까?

답: 악은 인간이 자유의지를 남용함으로써 세상에 들어왔습니다
(창 2:16; 3:6). 그러나 세상의 모든 통제권은 오직 하나님께 있고, 모
든 악은 재림하시는 그리스도께서 제거하실 것입니다(계 20:10, 14).

문39. 우리는 창조주 하나님의 구원 경륜에 어떻게 동참합니까?

답: 우리는 예수 십자가 중생의 복음을 전하여 인간의 영혼을 구원하고(요 3:1-8), 성결의 복음을 전하여 교회를 성결하게 하며(엡 5:26-27), 신유의 복음을 전하여 인간과 만물의 건강을 회복하며(막 16:17-18; 약 5:13-18), 재림의 복음을 전하여 하나님의 공의를 실현하여 하나님의 섭리에 동참합니다(계 22:20).

†

대 교리문답 5.

성자하나님

문40. 유일한 구원자는 누구이십니까?

답: 유일한 구원자는 예수 그리스도이십니다(행 4:12).

문41. 성자하나님은 누구이십니까?

답: 성자하나님은 선재(先在)하시는 삼위일체 하나님의 제2 위격(位格)이십니다. 그는 만물보다 먼저 나시고(골 1:15), 만물은 그로 말미암아 지은 바 되었으며(요 1:1-3), 그 본질이 성부 및 성령과 동일하시고, 그 지위가 동등하십니다. 예수 그리스도는 참 하나님이시고 참 인간이십니다.

문42. 성자하나님은 어떻게 사람이 되셨고, 사람과 무엇이 다르십니까?

답: 성자하나님은 성령으로 잉태되어 사람이 되셨습니다(마 1:18, 20). 사람으로 사셨으나 죄는 없으십니다(히 4:15).

문43. 성자하나님께서 자기를 낮추신 것은 무엇을 의미합니까?

답: 예수께서 자기를 낮추신 것은 신성을 포기하신 것이 아니라 자유롭게 제한하신 것입니다(빌 2:6-8).

문44. 신성과 인성이 예수 그리스도 안에서 어떻게 동시에 존재할 수 있습니까?

답: 예수 그리스도 안에는 신성과 인성이 혼합, 변화, 분리, 구분 없이 연합되어 있습니다. 이러한 연합은 인간의 눈으로 보기엔 신비이지만 인류 구원을 위한 하나님의 섭리 안에서의 온전한 연합입니다.

문45. 사람이 되신 예수 그리스도께서는
어떻게 세상을 사셨습니까?

답: 예수 그리스도께서는 사람이 되신 후 다른 평범한 사람처럼 이 땅에서 인간의 삶을 사셨습니다. 그분은 우리처럼 피곤해하셨고(요 4:6), 우셨으며(요 11:35), 시험을 받고 고난도 당하셨습니다(히 4:15-16). 따라서 예수 그리스도는 우리를 이해하시고 능히 도우실 수 있습니다(히 2:14-18; 4:15-16).

문46. 예수 그리스도께서 우리의 구원을 위해
무엇을 하셨습니까?

답: 예수 그리스도께서는 우리의 모든 죄를 위해 대신 십자가에 못 박혀 죽임 당하심으로써 모든 죄의 값을 치르셨습니다(롬 3:23-25; 골 1:20; 요일 2:2). 또한 사망권세를 깨뜨리시고 부활하시고 승천하셔서 성령을 보내 주심으로, 믿는 자들로 하여금 구원받은 생명의 삶을 살게 하셨습니다.

문47. 예수 그리스도께서 인간의 구원을 위해 무엇을 하고 계십니까?

답: 예수 그리스도는 하늘 보좌에 계시면서 우리를 위하여 중보하시고(롬 8:34; 히 8:1), 세상의 구원을 위해 일하시며(요 5:17), 온 세상을 권능과 권세로 통치하십니다(골 2:15; 벧전 3:22).

문48. 예수 그리스도께서는 세상 끝 날에 무엇을 하십니까?

답: 예수 그리스도는 세상 끝 날에 인류의 심판과 구원을 위해 재림하십니다(마 16:27, 25:27; 요 12:48).

문49. 인간의 구원을 위한 예수 그리스도의 세 가지 주요 직무는 무엇입니까?

답: 예수 그리스도는 우리의 구원자로서 선지자, 제사장, 왕의 삼중 직무를 수행하십니다. 예언자로서 예수 그리스도는 성도에게 율법과 복음을 가르치는 스승이십니다(눅 24:44-45; 행 1:3). 제사장으로서 예수 그리스도는 속죄의 어린양이시고 중보자이십니다(롬 3:25; 히 2:17-18; 4:14-16; 7:25; 요일 2:2). 왕으로서 예수 그

리스도는 세상의 죄를 정복하시고, 하나님의 형상을 회복하시며, 영원한 의로 인도하시는 통치자이십니다(시 2:6; 사 9:6-7; 마 21:5).

✝

대 교리문답 6.

성령하나님

문50. 성령은 누구이십니까?

답: 성령은 삼위일체 하나님의 제3 위격(位格)이십니다. 성령은 그 본질에 있어 성부, 성자와 동일하시고 그 지위에 있어 성부, 성자와 동등하십니다. 성령은 상호 내주(內住)로 성부, 성자와 일체가 되십니다.

문51. 성령의 고유성은 무엇입니까?

답: 성령의 고유성은 성령이 성부와 성자에게서 나오시는 것에 있습니다. 성령은 성부에게서 나오시는 하나님의 영이시고 성자에

게서 나오시는 그리스도의 영이십니다(롬 8:9; 갈 4:9). 성령은 창조, 섭리, 구원, 통치 등의 하나님의 일을 실행하시고, 성부와 성자의 뜻을 실현하십니다.

문52. 자신과 관련된 성령의 속성은 무엇입니까?

답: 성령은 영이시고 인격적인 하나님이십니다(요 4:24). 성령은 스스로 계시며 만유를 존재하게 하십니다. 성령의 모든 속성은 변하지 않고 비교 혹은 대체할 수 없이 유일합니다. 성령은 사랑이시고, 거룩하십니다.

문53. 세상과 관련된 성령의 속성은 무엇인가?

답: 성령은 영원, 광대, 편재, 전지, 전능, 진실, 자비, 정의의 하나님이십니다. 성령은 시간과 관련하여 영원하십니다. 공간과 관련하여 끝없이 넓으시며 모든 곳에 계십니다. 지식과 관련하여 모든 것을 아십니다. 능력과 관련하여 모든 것을 하실 수 있으십니다(고전 2:10).

문54. 성령의 인격성은 어떻게 나타납니까?

답: 성령은 성부, 성자의 모든 진리를 아시고(요 16:13-15), 가르치시고, 생각나게 하시고(요 14:26), 알리십니다(요 16:14). 성령은 세상을 책망하시고(요 16:8), 성자를 증언하십니다(요 15:26). 성령은 근심하시고(사 63:10), 탄식하시고, 애통(롬 8:26)해 하십니다. 성령은 고유한 성품인 열매(갈 5:22-23)를 가지고 계십니다. 성령은 온전한 인격체이시며(사 11:2; 행 16:6,7; 롬 8:26; 고전 2:10; 12:11), 모든 그리스도인의 인격 안에 계십니다(요 14:17).

문55. 성령과 성자 예수와의 관계는 어떠합니까?

답: 성자는 성령으로 말미암아 동정녀 마리아에게서 나셨습니다. 성령은 성자 예수의 지상 생애 전체를 인도하시고 도우셨습니다(요 3:34). 성자는 지상 생애 동안 성령에 자발적으로 순종하셨습니다(마 4:1). 부활하신 예수 그리스도께서는 성령을 교회에 보내셔서 함께하십니다(행 2:33).

문56. 성령의 직무는 무엇입니까?

답: 성령은 창조, 통치, 섭리 등의 일을 성부와 성자와 더불어 집행하시고, 특히 오순절에 강림하신 후, 성자를 통해 세상을 구원하시는 성부의 일을 집행하십니다. 성령은 사람에게 영적 생명을 주어 하나님의 양자가 되게 하십니다(롬 8:15-17). 변화되어 새 사람이 되게 하십니다(행 2:1-4; 10:44-46). 복음 전도, 가르침, 치유, 축귀 등의 능력을 주십니다(눅 4:18; 행 1:8; 10:38), 그리스도인의 온몸과 마음과 영혼의 영원한 안전을 보장하십니다(엡 1:13).

문57. 성령은 회개와 구원받는 믿음에 어떤 영향을 주십니까?

답: 성령은 사람이 회개하고 예수를 주와 그리스도로 믿도록 사람을 일깨우십니다(고전 12:3). 성령은 하나님을 구하고 찾는 자들에게 죄를 깨닫게 하는 은총을 베푸시고, 하나님의 은혜 없이는 사람이 죄에서 벗어날 수 없다는 것을 깨닫게 하십니다(요 16:8).

문58. 성령은 신앙의 확신에 어떤 영향을 주십니까?

답: 성령은 그리스도인이 자기의 신앙을 확신하게 하십니다(요

14:26). 성도는 하나님께 죄를 용서받아 의롭다 함을 받았고(롬 3:24), 영혼의 생명을 얻었고(요 5:24; 10:28), 하나님의 자녀가 되었고(요 1:12), 하나님을 섬길 능력이 있고(행 1:8; 살전 1:5; 벧전 1:12), 예수 그리스도께서 성취하신 구속의 은혜로 말미암아 죄와 죄의 세력을 이길 수 있고(골 2:15), 병과 장애를 치료할 수 있고 귀신을 내쫓을 수 있고(마 10:1), 예수 그리스도께서 재림하실 때까지 온몸과 마음과 영혼을 흠 없게 보존할 수 있다는 것을 확신하게 하십니다(롬 8:16).

문59. 성령은 신앙의 성장에 어떤 영향을 주십니까?

답: 성령은 신앙 성장의 원천이시고 능력이십니다(요 14:16). 성령은 그리스도인에게 하나님의 임재를 체험하는 능력과 하나님을 믿고 사랑하고 섬길 수 있게 하는 힘을 주십니다(행 1:8; 고전 4:20; 12:11). 이 과정에서 성도는 타락한 본성이 회복되고, 그리스도를 닮는 삶을 살아가게 됩니다(롬 8:29).

문60. 성령과 진리는 어떤 관계입니까?

답: 성령은 진리의 영이십니다(요 14:17). 성령은 그리스도인을

성부, 성자의 모든 진리 가운데로 인도하십니다. 특히, 성령은 친히 기록하게 하신 성경(딤후 3:16; 벧후 1:21)을 성도에게 깨닫게 하시며, 성경의 진리대로 살 수 있는 능력을 주십니다. 성도는 성령의 조명을 받아 성경을 깨닫고 은총으로 온전하게 되어 구원의 능력과 권세 안에 살게 하십니다(엡 1:17-19).

문61. 성령은 성도의 성결에 어떤 영향을 주십니까?

답: 성령은 그리스도인에게 성결의 은혜를 베푸십니다. 성령은 그리스도인 안에 있는 죄, 곧 원죄의 부패성을 정결하게 씻으시고, 그리스도인이 성령을 좇아 살아 자기의 인격과 삶 속에서 사랑, 희락, 화평, 오래 참음, 자비, 양선, 충성, 온유, 절제 등의 열매를 맺게 하십니다(갈 5:22-23).

문62. 성령과 교회의 관계는 무엇입니까?

답: 모든 하나님의 백성에게 성령을 부어 주시겠다고 하신 하나님의 약속(욜 2:28 이하)은 오순절에 성취되었고(행 2:14 이하), 예수 그리스도의 몸된 교회가 시작되었습니다. 교회는 성령으로 말미암아 하나님과 교제하고, 성도와 교제하는 성령의 새로운 피조

물입니다(행 4:31-35; 롬 8:14-16; 갈 4:6-7).

문63. 성령과 세상의 관계는 어떠합니까?

답: 성령은 예수 그리스도를 대리하시고, 세상에 예수 그리스도를 증언하시는 하나님의 영이십니다(요 16:8). 예수 그리스도의 지상명령은 구체적으로 성령을 통해 세상 안에서 성취됩니다(마 28:18-20; 행 1:8).

✝

회개와 믿음

문64. 회개란 무엇입니까?

답: 회개는 자신의 죄악과 불의를 깨닫고 고백하면서 그것으로 부터 철저하게 돌이키는 것입니다. 하나님이 말씀을 통해 성령으로 역사하실 때 인간은 하나님의 자비를 구하며 회개하게 됩니다.

문65. 회개의 세 가지 요소는 무엇입니까?

답: 회개에는 지적, 정적, 의지적인 세 요소가 있습니다. 곧 지적으로는 자신이 죄인이며, 죄책을 지닌 존재임을 깨닫고 고백하는 것입니다(시 51:3). 정적으로는 죄를 슬퍼하며 근심하는 것입니다

(고후 7:9). 의지적으로는 마음과 행동을 돌이키는 것입니다(사 55:7).

문66. 회개에는 어떠한 단계가 있습니까?

답: 첫 번째 단계는 죄에 대한 각성입니다. 곧 자기가 죄인이라는 것과 죄로 인하여 죽는다는 것과 하나님의 사랑이 풍성하다는 것을 깨닫는 것입니다(롬 2:4). 두 번째 단계는 통회(痛悔)입니다. 곧 죄를 깨닫는 순간부터 마음이 아프고 괴로운 것입니다(눅 15:16-17). 세 번째 단계는 고백입니다. 곧 겸손하고 정직하게 자기의 죄를 말하는 것입니다(잠 28:13; 요일 1:9). 네 번째 단계는 회개에 합당한 열매입니다(눅 3:8). 회개의 결과로 사죄와 용서의 확신이 따릅니다(고후 7:9-10).

문67. 인간을 구원하는 믿음의 내용은 무엇입니까?

답: 하나님 아버지께서 우리를 사랑하셔서 독생자를 보내셨고, 하나님의 독생자 예수 그리스도는 우리의 죄를 대속(代贖)하기 위하여 오셨다는 것을 성령의 역사를 통해 확신하고 받아들이는 것입니다(요 3:16).

문68. 구원받는 믿음은 어떻게 생깁니까?

답: 믿음은 인간 스스로 만들어내는 능력이나 태도가 아니라, 성령을 통해 하나님이 인간에게 주시는 선물입니다(엡 2:8).

문69. 성령께서 주시는 믿음에 대해 우리는 어떻게 해야 합니까?

답: 믿음은 계시와 밀접하게 관계되어 있고, 모든 계시는 응답을 요구합니다. 믿음은 계시의 요구에 대한 인간의 호의적 응답이고, 불신앙은 비호의적 응답입니다. 우리는 이에 대하여 호의적으로 응답해야 합니다. 믿음에는 세 가지 요소가 포함됩니다. 첫째는 하나님의 말씀에 대한 동의이며, 둘째는 하나님의 요구에 대한 순종이며, 셋째는 하나님에 대한 전적 신뢰와 의지입니다.

문70. 믿음으로 온전한 구원을 얻는다는 말은 무엇입니까?

답: 믿음으로 온전한 구원에 이른다는 말은 우리가 믿음으로 죄 용서받고, 믿음으로 거듭나고, 믿음으로 성결해지고, 믿음으로 치유 받고, 믿음으로 영화롭게 된다는 것입니다. 이 복음의 진리는 모든 인류에게 동일합니다(롬 3:22).

✝

대 교리문답 8.

구원의 과정

문71. 성경적 구원의 과정은 무엇입니까?

답: 성경적 구원의 과정은 중생(요 1:13; 요 3:3-7; 딛 3:5; 요일 5:1), 성결(레 19:2; 마 5:48; 롬 6:6; 8:2; 고전 5:7; 엡 4:22-24; 요일 1:7, 9), 신유(출 15:26; 사 53:5; 마 4:23; 막 16:17-18; 행 4:10; 고전 12:9; 12:28), 재림(마 24:3, 43-44; 행 1:9-11; 롬 8:19; 고전 15:20-23; 엡 1:9-10; 빌 3:20-21; 살전 4:14-17; 5:1-3; 딛 2:13; 히 9:28; 계 16:15; 22:7, 12, 20)입니다. 이는 평강의 하나님이 친히 너희를 온전히 거룩하게 하시고, 또 너희의 온 영과 혼과 몸이 우리 주 예수 그리스도께서 강림하실 때에 흠 없게 보전되기를 원하노라(살전 5:23)는 말씀에 부합하는 진리입니다.

문72. 칭의, 중생, 양자 됨의 관계는 무엇입니까?

답: 칭의(롬 3:21-28; 4:3-6; 4:25; 5:1; 8:33; 고전 1:30), 양자 됨(롬 8:15-16)은 중생에 대한 다른 관점의 표현입니다. 이 두 사건은 중생이라는 하나의 사건이면서 동시에 발생한 사건입니다. 순서는 칭의, 중생, 양자 됨입니다.

문73. 칭의는 무엇입니까?

답: 칭의는 하나님의 아들 예수 그리스도를 믿는 성도의 죄를 용서하고 그를 의롭다고 선언하시는 하나님의 사법적 행위입니다.

문74. 칭의의 결과는 무엇입니까?

답: 죄인은 칭의를 통해 죄의 용서 및 죄책에서 벗어날 뿐 아니라, 그리스도의 의로움을 덧입고서 하나님 앞에 의로운 자로 설 수 있게 됩니다.

문75. 중생은 무엇입니까?

답: 그리스도의 속죄의 은총을 믿음으로 성령 안에서 새 생명을 얻는 것입니다(요 3:16; 롬 3:23-24; 딛 3:5).

문76. 중생을 통해 실제로 의로운 사람이 됩니까?

답: 중생은 죄의 권세로부터 자유롭게 되어 내적 본성이 새로워 지기 시작하는 것입니다. 중생은 새로움의 시작일 뿐 아직 완성은 아닙니다. 중생한 성도는 성도의 삶을 시작합니다(요 1:13; 3:3; 요일 3:9; 4:7; 5:1).

문77. 중생의 결과는 무엇입니까?

답: 중생의 결과는 영적 생명을 얻고, 하나님의 도덕적 형상을 회복하는 거룩한 삶을 시작하는 것입니다(고후 5:17).

문78. 양자 됨은 무엇입니까?

답: 양자 됨은 용서받은 죄인이 하나님의 가족으로 받아들여지는 것입니다. 죄인은 하나님의 아들 예수를 주와 그리스도로 믿어 하나님의 자녀가 되는 권세를 얻고, 하나님의 가족이 되는 특권을 회복하여 하나님의 기업을 상속할 권리와 자격을 얻습니다(롬 8:15-16).

문79. 성결은 무엇입니까?

답: 성결은 하나님의 형상을 회복하는 것입니다. 하나님은 성결하시며 우리의 성결을 요구하시고(레 11:44-45; 벧전 1:16), 우리의 성결을 위해 우리를 부르십니다(살전 4:3). 따라서 성결은 구원의 목적이고(엡 1:4; 4:24), 우리는 성결을 통해 하나님과 온전히 교제할 수 있게 됩니다(히 12:14).

문80. 성결의 결과는 무엇입니까?

답: 성결의 은총을 받은 사람은 거룩한 사랑으로 유혹을 이기고 죄를 짓지 않을 수 있습니다. 또한 하나님 말씀에 순종하여 하나님

과 사람과 자연을 사랑합니다(롬 6:6; 8:2; 엡 4:22-24; 빌 4:4-6; 히 12:15).

문81. 성결의 성격은 무엇입니까?

답: 성결은 정도(degree)의 성결이 아니라, 종류(kind)의 성결입니다. 하나님은 각 피조물의 종류마다 성결의 범위를 허락하셨고, 그 수준에 도달하면 완전하다고 인정하십니다.

문82. 인간의 본성은 곧 부패성입니까?

답: 인간의 본성과 부패성은 서로 구별됩니다. 인간은 창조 때 하나님을 닮은 본성을 부여받았으나 타락함으로 말미암아 오염된 부패성을 갖게 되었습니다. 성결은 부패성을 제거하고 변화시키는 것이며, 본성을 바꾸는 것은 아닙니다(롬 6:6; 고전 5:7; 엡 4:22-24; 히 12:15; 요일 1:7, 9).

문83. 성결과 성령은 어떠한 관계에 있습니까?

답: 성결은 성령의 역사로서, 점진적 성화 가운데 성령 충만을 통해 순간적으로 받는 성령세례입니다. 중생한 그리스도인은 믿음에 의해 순간적으로 성령세례를 받아 성결해질 수 있습니다.

문84. 성결의 은총은 어떻게 받습니까?

답: 성결의 은총은 중생한 사람이 죄를 이기기를 사모하고 은혜 생활하기에 힘쓸 때 성령의 특별한 은혜로 받습니다(사 6:1-10; 눅 11:13; 요일 1:7).

문85. 성결의 은총은 성장의 최종 상태입니까?

답: 성결의 은혜를 받은 후에는 은혜 안에서 계속 성장해야 합니다. 하나님과의 친밀한 교제에 헌신하고, 이웃사랑을 실천함으로써 성장해야 합니다(롬 8:30).

문86. 성결의 범위는 어떠합니까?

답: 성결의 범위는 개인, 사회, 피조 세계를 포함합니다. 성결은 성령의 능력으로 개인과 사회와 피조 세계를 변화시키는 힘입니다.

문87. 신유는 무엇입니까?

답: 신유는 신자가 하나님의 보호로 항상 건강하게 지내는 것과 또는 병들었을 때 하나님께 기도함으로써 낫는 것입니다. 신유는 의약을 부인하는 것은 아닙니다(출 15:26; 사 53:5; 마 4:23; 막 16:17-18; 행 4:10; 고전 12:9; 12:28; 딤전 5:23).

문88. 신유의 근거는 무엇입니까?

답: 신유의 근거는 하나님의 사랑과 예수 그리스도의 희생입니다(사 53장). 예수 그리스도는 우리의 연약한 것을 친히 담당하시고 병을 짊어지셨습니다(마 8:17).

문89. 신유의 능력은 무엇입니까?

답: 신유의 능력은 성령의 능력입니다. 성령은 예수 그리스도를 통한 하나님의 치료를 집행하십니다. 예수 그리스도는 성령의 능력으로 사람들을 치료하셨고(행 10:38), 사도들 또한 성령의 권능으로 사람들을 치료하였습니다(눅 24:49; 행 1:8; 행 4:29-31).

문90. 신유의 모범과 실재는 무엇입니까?

답: 신유의 모범과 실재는 예수 그리스도와 그의 제자들입니다. 예수 그리스도는 세상에 계시는 동안 백성 중의 모든 병과 약한 것을 고치셨고(마 4:23), 귀신 들린 자 또한 고치셨습니다(행 10:38). 제자들 또한 성령의 권능으로 병자와 귀신 들린 자를 고쳤습니다(눅 10:17; 요 14:12-17; 행 4:29-31).

문91. 신유 사역의 이유는 무엇입니까?

답: 신유 사역의 이유는 예수 그리스도의 명령과 약속이기 때문입니다. 예수 그리스도는 제자들에게 천국 복음 전파와 치유를 명령하셨고(마 10:7-8), 치유를 약속하셨습니다(막 16:15-18).

문92. 신유에 필요한 것은 무엇입니까?

답: 신유에 필요한 것은 하나님의 사랑과 예수 그리스도의 구원에 대한 믿음과 회개와 기도입니다. 병의 원인이 죄에 있다면 죄를 회개하고, 귀신에 있다면 귀신을 쫓아내야 하고, 모든 치유를 위해 기도에 헌신해야 합니다. 또한, 병에 걸리거나 약해지지 않기 위해 건강한 식생활과 규칙적인 생활과 운동을 하고, 정기적인 건강검진과 적절한 의약의 치료를 받고, 치료를 위한 병원도 세워야 합니다.

문93. 신유와 하나님의 나라의 관계는 무엇입니까?

답: 신유는 하나님의 나라를 체험하게 합니다(눅 11:20). 하나님의 나라는 죄와 질병과 약함과 죽음과 귀신들림이 없기 때문입니다(사 35:5-6; 65:19-20). 예수께서는 맹인이 보며, 못 걷는 사람이 걸으며, 나병 환자가 깨끗함을 받으며, 못 듣는 자가 들으며, 죽은 자가 살아나며, 가난한 자에게 복음이 전파되는 것(마 11:5)을 메시아의 증거로 제시하셨습니다. 예수께서는 자신이 하나님의 성령을 힘입어 귀신을 쫓아내는 것이면, 하나님의 나라가 이미 우리에게 임하셨다(마 12:28)고 말씀하십니다.

문94. 재림은 무엇입니까?

답: 재림은 하나님의 나라 도래의 복음입니다. 재림은 부활승천하신 예수께서 그 몸대로 다시 오시는 일입니다. 구약성경 예언의 중심이 그리스도의 성육신이라면, 신약성경 예언의 중심은 그리스도의 재림입니다. 예수께서는 자신의 재림을 선언하셨고(마 26:64), 약속하셨습니다(요 14:1-3). 천사는 예수의 재림을 예고했고(행 1:11), 사도들은 예수의 재림을 확신했습니다(살전 4:16-17; 계 22:7). 요한계시록은 재림을 전적으로 계시한 성경으로서 예수께서 속히 오리라 하신 말씀이 거듭 기록되어 있습니다(계 22:7, 12, 20).

문95. 재림의 때는 언제입니까?

답: 그리스도 재림의 때는 아무도 모르나 역사 속에서 일어날 미래의 실제 사건입니다.

문96. 그리스도께서 아직 재림하시지 않은 이유는 무엇입니까?

답: 그리스도께서 아직 재림하시지 않는 이유는, 아무도 멸망하

지 아니하고 다 회개하기에 이르기를 원하시는 하나님의 사랑 때문입니다(벧후 3:9).

문97. 재림의 때를 어떻게 알 수 있습니까?

답: 그리스도 재림의 때를 알 방법은 없습니다. 하나님께서 그 때를 숨기셨기 때문입니다(마 24:36). 하지만 재림의 징조를 통해, 그 때가 가까이 온 것을 알 수 있습니다(마 24:33). 그리스도께서 재림의 징조를 말씀하셨기 때문입니다(마 24:3-31).

문98. 재림의 징조는 무엇입니까?

답: 재림의 징조는 거짓 그리스도의 출현(마 24:5), 난리(마 24:6), 소요(눅 21:9), 전쟁(마 24:7), 기근과 지진(마 24:7), 전염병(눅 21:11), 신자와 교회에 대한 박해(마 24:9), 전 세계적인 복음 전파(마 24:14), 적그리스도의 출현(마 24:15), 큰 환란(마 24:21), 거짓 선지자들의 출현(마 24:24), 천체의 격변(마 24:29) 등입니다.

문99. 재림의 사건들은 무엇입니까?

답: 재림의 사건은 큰 환난(마 24:29), 그리스도의 재림(마 24:30), 천년왕국(계 20:2-6), 최후의 심판(계 20:11-15), 새 하늘과 새 땅(계 21:1) 등입니다.

문100. 재림의 목적은 무엇입니까?

답: 재림의 목적은 하나님의 사랑과 공의를 온전히 실현하는 것입니다(딤후 4:1). 모든 악 곧 적그리스도와 거짓 그리스도와 거짓 선지자와 사단과 귀신들(계 20:10)과 불신자(계 20:15)를 최후로 심판하시고, 신자를 온전히 구원하시고(계 21:2-4), 만물을 새롭게 하시는 것(계 21:5)입니다.

문101. 재림을 기다리는 깨어 있는 성도는 어떻게 살아야 합니까?

답: 인내하고(마 24:13), 성결하고(벧후 3:11; 요일 3:3), 충성되고, 지혜 있는 교회의 일꾼이 되어야 하고(마 24:44-51; 살전 5:9-11), 모든 민족을 그리스도의 제자로 삼아야 합니다(마 28:19-20).

✝

인류의 구원

문102. 예수 그리스도의 복음은 인류를 구원하기에 충분합니까?

답: 예수 그리스도는 모든 인류의 죄와 그 결과를 모두 친히 담
당하셨습니다(골 1:20; 요일 2;2). 예수 그리스도의 죽음과 부활과
승천과 재림은 모든 인류를 구원하기에 충분합니다.

문103. 인류에게 구원이 필요한 이유는 무엇입니까?

답: 인류에게 구원이 필요한 이유는 모든 사람이 죄인이기 때문
입니다(롬 3:23; 6:23). 인류는 첫 조상 아담의 후예로서 유전된 부
패성, 곧 원죄가 있는 죄인이고(롬 7:20), 원죄로 인해 자기가 스스

로 죄를 짓는 죄인입니다(롬 7:15). 이 죄로 인해 인류는 영적으로 죽었고, 온몸과 마음 또한 병들었습니다.

문104. 인류는 어떻게 구원을 받습니까?

답: 인류는 오직 하나님의 은혜로 인한 회개와 믿음으로 구원을 받습니다(엡 2:8). 인류는 전적으로 타락했고, 자기를 구원할 능력이 조금도 없습니다. 인류는 하나님의 사랑과 구원하시는 은혜가 필요하고, 오직 하나님의 사랑과 은총에 의한 회개와 믿음으로만 구원받습니다. 오직 예수 그리스도를 믿음으로만 구원을 받습니다 (요 3:16; 행 4:12).

문105. 하나님의 구원의 은총은 무엇이고, 그 종류는 무엇입니까?

답: 하나님의 구원의 은총은 인류를 구원하는 성령의 능력으로 공로 없이 베푸시는 하나님의 선물입니다. 이 은총은 구원의 단계마다 베풀어집니다. 곧 선행은총(先行恩寵)으로 시작하여 깨우치시는 은총, 의롭게 하시는 은총, 성결하게 하시는 은총, 영화롭게 하시는 은총이 베풀어집니다.

문106. 인류는 자신의 구원을 위해 무엇을 해야 합니까?

답: 인류는 하나님의 은총에 긍정적으로 응답하여 구원을 받습니다. 곧 하나님의 은총에 의한 회개와 믿음으로 구원을 받습니다.

✝

대 교리문답 10.

십계명

문107. 율법의 기반이 되는 계명은 무엇입니까?

답: 율법의 기반이 되는 법은 십계명이고(출 20:1-17; 신 5:6-21; 막 10:17-19), 그 핵심이며, 가장 큰 계명은 하나님을 사랑하고 이웃을 사랑하는 것입니다(레 19:18; 신 6:5; 마 22:34-40).

문108. 십계명의 내용은 무엇입니까?

답: 제1계명은, 너는 나 외에는 다른 신들을 네게 두지 말라. 제2계명은, 너를 위하여 새긴 우상을 만들지 말고, 그것들에 절하지 말며, 그것들을 섬기지 말라. 제3계명은, 너는 네 하나님 여호와의 이

름을 망령되게 부르지 말라. 제4계명은, 안식일을 기억하여 거룩하게 지키라. 제5계명은, 네 부모를 공경하라. 제6계명은, 살인하지 말라. 제7계명은, 간음하지 말라. 제8계명은, 도둑질하지 말라. 제9계명은, 네 이웃에 대하여 거짓 증거하지 말라. 제10계명은, 네 이웃의 집을 탐내지 말라.

문109. 십계명은 어떻게 나뉩니까?

답: 십계명은 하나님께 대한 계명과 이웃에 대한 계명으로 나뉩니다. 제1계명부터 4계명까지가 하나님께 대한 계명이고, 5계명부터 10계명까지가 이웃에 대한 계명입니다.

문110. 십계명의 제1계명은 무엇을 말하고 있습니까?

답: 십계명의 제1계명은 "너는 나 외에는 다른 신들을 네게 두지 말라"로서, 오직 하나님만을 섬기라는 것입니다. 하나님만이 창조와 섭리, 사랑과 구원의 유일한 신이시기 때문입니다. 예수께서는 "주 너의 하나님께 경배하고 다만 그를 섬기라(마 4:10)"고 말씀하셨습니다. 따라서 그리스도인은 하나님만을 예배하고 사랑하고 섬깁니다.

문111. 십계명의 제2계명은 무엇을 말하고 있습니까?

답: 십계명의 제2계명은 "너를 위하여 새긴 우상을 만들지 말고, 어떤 형상도 만들지 말라"로서, 하나님을 어떤 피조물로도 형상화하지 말라는 것입니다. 하나님은 창조주 하나님이십니다. 하나님은 어떤 유한한 형상으로도 대신하거나 제한하여 표현할 수 없습니다. 어떤 무엇도 창조주 하나님을 대신할 수 없습니다. 예수께서는 "하나님은 영이시니 예배하는 자가 영과 진리로 예배할지니라 (요 4:24)"하고 말씀하셨습니다. 따라서 그리스도인은 어떤 형상의 우상을 만들어 하나님을 대신하지 않고, 오직 '영과 진리'로 하나님을 예배합니다.

문112. 십계명의 제3계명은 무엇을 말하고 있습니까?

답: 십계명의 제3계명은 "너는 네 하나님 여호와의 이름을 망령되게 부르지 말라"로서, 자기의 이기적인 목적을 위해 하나님의 이름을 사용하지 말라는 것입니다. 이와 관련하여 예수께서는 "도무지 맹세하지 말지니 하늘로도 하지 말라. 이는 하나님의 보좌임이요. 땅으로도 하지 말라. 이는 하나님의 발등상임이요. 예루살렘으로도 하지 말라. 이는 큰 임금의 성임이요(마 5:34-35)"라고 하셨습니다. 따라서 그리스도인은 자신의 이기적이고 탐욕적인 목적을

위해 하나님의 이름을 남용하지 않으며, 자신의 말과 행동을 책임집니다.

문113. 십계명의 제4계명은 무엇을 말하고 있습니까?

답: 십계명의 제4계명은 "안식일을 기억하여 거룩하게 지키라"로서, 예수 그리스도의 부활 사건 이후에는 "주간의 첫날(행 20:7)"을 "주의 날"(계 1:10) 즉 주일로 지켰습니다. 안식일은 본래 하나님의 창조와 구원의 날이었고, 주일은 하나님의 새 창조와 새 구원의 날로 예수께서 부활하신 날입니다. 그리스도인은 주의 날을 기억하여 거룩하게 지킴으로써 예수의 죽음과 부활을 통한 새 창조와 새 구원을 기념하고 경축합니다.

문114. 십계명의 제5계명은 무엇을 말하고 있습니까?

답: 십계명의 제5계명은 "네 부모를 공경하라"로서, 부모에게, 그리고 나아가 권위자들에게 존경과 사랑과 충실함을 나타내는 것입니다. 모든 권위는 하나님에게서 나옵니다. 그리스도인은 부모는 물론, 가정과 직장과 국가 등의 모든 권위를 그리스도 안에서 존중합니다(롬 13:1-7; 딛 3:1).

문115. 십계명의 제6계명은 무엇을 말하고 있습니까?

답: 십계명의 제6계명은 "살인하지 말라"로서, 사람의 생명을 존중하라는 것입니다. 사람에게 생명을 주신 분은 하나님이시고 사람은 하나님의 형상으로 만들어진 고귀한 존재이기 때문입니다. 예수께서는 "너희 원수를 사랑하며 너희를 박해하는 자를 위하여 기도하라(마 5:44)"고 가르치셨습니다. 따라서 그리스도인은 무고히 사람의 생명과 건강을 해치지 않고, 원수를 증오하지 않고, 가해자에게 욕설과 저주를 퍼붓지 않으며(마 5:21-26), 원수를 사랑하고 가해자를 위해 기도합니다(시 109:4; 롬 12:19-21).

문116. 십계명의 제7계명은 무엇을 말하고 있습니까?

답: 십계명의 제7계명은 "간음하지 말라"로서, 성적 순결과 가정을 지키라는 것입니다. 성은 부부 관계에서만 누려야 할 하나님의 축복입니다. 따라서 혼전, 혼외의 모든 성관계는 죄입니다. 결혼은 한 남자와 한 여자의 이성이 한 몸이 되는 것이고, 성생활 또한 부부 관계의 한 남자와 한 여자의 이성 안에서만 누릴 즐거움입니다. 따라서 모든 동성 결혼과 동성의 성관계는 죄입니다. 또 짐승과의 성관계나 근친 간의 성관계도 죄입니다. 예수께서는 "음욕을 품고 여자를 보는 자마다 마음에 이미 간음하였느니라(마 5:28)"라고 가

르치셨습니다. 따라서 그리스도인은 마음과 행위로 간음하지 않고, 음욕을 품게 하는 것을 보거나 듣거나 접촉하지 않으며, 건전하고 건강한 부부 생활을 통해 하나님의 복을 누립니다.

문117. 십계명의 제8계명은 무엇을 말하고 있습니까?

답: 십계명의 제8계명은 "도둑질하지 말라"로서, 남의 재산을 침해하지 말라는 것입니다. 재산은 물적 재산과 지적 재산을 포함하는 유무형의 것들이고, 모든 절도와 강도 행위는 물론, 부당한 방법으로 남의 재산을 탈취하는 것은 제8계명을 범하는 죄입니다. 예수께서는 "너희 소유를 팔아 구제하여 낡아지지 아니하는 배낭을 만들라(눅 12:33)"고 가르치셨습니다. 따라서 그리스도인은 남의 유무형의 재산을 침해하지 않고 도리어 자기의 재산으로 남을 돕습니다.

문118. 십계명의 제9계명은 무엇을 말하고 있습니까?

답: 십계명의 제9계명은 "네 이웃에 대하여 거짓증거하지 말라"로서, 거짓말하지 말라는 것입니다. 그리스도인은 법정은 물론 모든 일상에서 정직해야 합니다. 거짓 증언과 말의 왜곡과 험담과 중

상과 거짓과 속임을 피하고 모든 일에 정직하고 진실해야 합니다
(시 101:7; 119:69; 엡 4:25).

문119. 십계명의 제10계명은 무엇을 말하고 있습니까?

답: 십계명의 제10계명은 "네 이웃의 집을 탐내지 말라"로서, 부
당한 욕심을 품고 탐욕으로 행하지 말라는 것입니다. "탐내지 말
라"의 탐심은 다른 모든 계명들, 우상숭배와 하나님의 이름을 욕보
이는 것과 성일을 지키지 않는 것과 부모를 공경하지 않는 것과 살
인과 간음과 도둑질과 거짓증거의 근본적 원인입니다(골 3:5). 그
리스도인은 탐심을 제거하고(눅 12:15), 자족하고(빌 4:11), 감사하
며, 하나님과 이웃을 섬깁니다(눅 12:21, 33).

✝

대 교리문답 11.

주기도문

문120. 기도는 무엇입니까?

답: 기도는 하나님과의 쌍방향 대화입니다.

문121. 누가 하나님을 아버지로 부르며 기도할 수 있습니까?

답: 오직 그리스도인만이 하나님을 아버지로 부르며 기도할 수 있습니다.

문122. 기도는 배울 수 있습니까?

답: 그렇습니다. 특히 예수께서는 "너희는 이렇게 기도하라(마 6:9)"고 말씀하시면서 우리가 주기도문이라고 말하는 형식과 내용의 기도를 제자들에게 가르쳐 배우게 하셨습니다.

문123. 주기도문은 어떻게 구성되었습니까?

답: 주기도문은 하나님의 이름, 하나님의 나라, 하나님의 뜻을 위한 기도와 우리의 물질적 필요, 영적 필요, 안전의 필요를 위한 기도로 구성되어 있습니다.

문124. 주기도문의 첫 번째 기도는 무엇이며 어떠한 의미입니까?

답: 주기도문의 첫 번째 기도는 "아버지의 이름을 거룩하게 하소서"입니다. 이 기도로 기도할 때, 우리는 하나님께서 자기의 존재성과 주권과 도덕성 등이 인간과는 구별된다는 것을 사람에게 친히 알게 하시고, 인정하게 하시고, 존중하게 하시길 기도합니다. 이 기도에는 "우리를 통하여 하나님의 이름이 거룩하게 되게 하소서"라는 의미가 함축되어 있습니다.

문125. 주기도문의 두 번째 기도는 무엇이며 어떠한 의미입니까?

답: 주기도문의 두 번째 기도는 "아버지의 나라가 오게 하소서"입니다. 이 기도로 기도할 때, 우리는 하나님께서 세상을 주권적으로 통치하시고, 예수 그리스도를 통해 구원하시길 기도합니다.

문126. 주기도문의 세 번째 기도는 무엇이며 어떠한 의미입니까?

답: 주기도문의 세 번째 기도는 "아버지의 뜻이 하늘에서와 같이 땅에서도 이루어지게 하소서"입니다. 이 기도로 기도할 때, 우리는 하나님께서 그 뜻대로 세상을 다스리시고, 그 목적대로 이끄시길 기도합니다. 또한, "저의 뜻을 아버지의 뜻에 맞추겠습니다. 저를 사용하여 주소서"라고 기도하는 것입니다.

문127. 주기도문의 네 번째 기도는 무엇이며 어떠한 의미입니까?

답: 주기도문의 네 번째 기도는 "일용할 양식을 주소서"입니다. 이 기도로 기도할 때, 우리는 하나님께서 창조하신 몸을 사랑하고, 기뻐하고, 몸의 청지기로 살 것을 고백하고, 하나님께서 우리의 물질적 필요를 돌보시길 기도합니다.

문128. 주기도문의 다섯 번째 기도는 무엇이며 어떠한 의미입니까?

답: 주기도문의 다섯 번째 기도는 "우리가 우리에게 잘못한 사람을 용서하여 준 것 같이, 우리 죄를 용서하여 주소서"입니다. 이 기도로 기도할 때, 우리는 하나님과의 화해와 이웃과의 화해를 위해 기도합니다. 하나님의 용서하심으로써 살아가는 사람은 하나님의 용서하심을 본받아야 합니다. 하나님이 큰 죄 가운데 있는 우리를 불쌍히 여기시고 용서하셨으니, 우리도 서로 불쌍히 여기고 용서함이 마땅합니다(마 18:21-35).

문129. 주기도문의 여섯 번째 기도는 무엇이며 어떠한 의미입니까?

답: 주기도문의 여섯 번째 기도는 "우리를 시험에 빠지지 않게 하시고 악에서 구하소서"입니다. 이 기도로 기도할 때, 우리는 우리를 파멸의 길로 유혹하려는 사단에게서 구원해 주시길 기도합니다. 우리가 시험에 빠지지 않기를 구하고, 우리를 타락시키려는 사단의 시도에 대항하기 위해 깨어 기도하고 중보하며 기도하면, 유혹에 빠지지 않고 시험에 능히 대처할 수 있으며, 결국 시험에 이길 수 있습니다(눅 22:31-32, 42, 46).

문130. 주기도문의 기도는 어떻게 마무리하며, 그것은 어떠한 의미입니까?

답: 주기도문은 "나라와 권능과 영광이 영원히 아버지의 것입니다"로 끝맺습니다. 이것은 송영입니다. 송영은 하나님의 영광에 대한 찬양입니다. 우리는 송영으로 우리의 기도를 마무리하여 하나님께 우리의 신뢰를 보이고, 하나님께서 우리의 모든 필요를 채우시길 간청합니다. 감사와 찬송과 선포를 많이 할수록 기도에 더 많은 활력을 얻으며, 기도하면 할수록 감사와 찬송과 선포가 더 많아집니다(엡 1:15-19; 빌 1:3-11; 골 1:3-12; 살전 1:2-3).

✝

대 교리문답 12.

교회

문131. 교회는 무엇입니까?

답: 교회는 하나님의 백성으로 구성된(신 7:6; 딛 2:14), 예수 그리스도의 몸으로서(엡 4:15-16), 성령의 피조물(욜 2:28; 행 2:14-47)입니다. 교회는 성령으로 말미암아 하나님과 교제하고, 성도와 교제하는 거룩한 공동체입니다(행 4:31-35).

문132. 유형 교회와 무형 교회는 무엇입니까?

답: 교회는 유형 교회와 무형 교회가 있습니다. 무형 교회는 오고가는 모든 세대에 속한 구원받은 하나님의 백성으로 이루어진

하나님만이 아시는 우주적인 교회입니다. 유형 교회는 전 세계에 산재한 가시적인 교회로서, 유형 교회의 교인은 그리스도인이라 칭하고, 삼위일체이신 하나님을 경외하는 공회입니다. 무형 교회는 유형 교회 속에 드러납니다.

문133. 교회의 목적은 무엇입니까?

답: 교회의 목적은 복음을 전파하여 모든 영혼을 구원하고 성결의 삶을 살게 하며, 예수 재림 때까지 하나님의 나라를 세우고 확장하는 것입니다(마 28:18-20; 행 1:8).

문134. 교회의 설립자는 누구입니까?

답: 교회의 설립자는 성부와 성자와 성령 하나님이십니다. 교회는 하나님의 백성들의 공동체로서 성부하나님의 교회입니다. 교회는 예수 그리스도의 몸과 신부로서 성자하나님의 교회입니다. 교회는 오순절 성령께서 세우신 거룩한 공동체로서 성령하나님의 교회입니다.

문135. 교회의 토대는 무엇입니까?

답: 교회의 토대는 예수 그리스도이시며(고전 10:4; 엡 3:20; 벧전 2:4-7), 예수 그리스도에 대한 성경의 신앙고백 위에 교회는 세워집니다(마 16:16-18).

문136. 교회의 네 가지 표지는 무엇입니까?

답: 교회의 네 가지 표지는 단일성, 거룩성, 보편성, 사도성입니다. 하나의 교회는 다양한 그리스도인이 유기적으로 하나가 된 공동체입니다. 거룩한 교회는 세상과 구별되어 하나님께 헌신한 공동체입니다. 보편적 교회는 과거와 현재와 미래 모든 그리스도인의 보편적 공동체입니다. 사도적 교회는 성경 안에 살아 있는 사도적 권위에 의해 여전히 지배되는 공동체입니다.

문137. 교회의 기능은 무엇입니까?

답: 교회의 첫 번째 기능은 예배입니다(행 2:42, 47). 교회는 모이기에 힘쓰고(히 10:25), 찬양(고전 14:26; 엡 5:19), 설교(행 20:7-11), 기도(행 1:14; 2:42), 성찬(행 2:42, 46; 행 20:7; 고전 11:23-26)

을 통해 하나님을 예배합니다. 두 번째 기능은 교제입니다. 교회는 성찬을 통해 하나님과 인간뿐만이 아닌, 인간과 인간 사이의 참다운 교제를 이룸으로써 하나님의 구원 실재를 체험하고 드러냅니다. 또한, 교회는 서로 삶을 나누고(행 2:44-45; 4:32; 롬 12:13; 갈 6:2), 신앙적으로 격려하고 돌봅니다(마 18:15-20; 히 10:24-25). 세 번째 기능은 교육입니다. 교회는 신앙 성숙을 위한 교육과 양육에 힘쓰고(마 28:20; 엡 4:11-15), 잘못된 가르침으로부터 성도를 보호하며(딤전 1:3-8, 4:1-16), 경건하고 온전한 삶의 능력이 되는 말씀 교육에 전력을 쏟습니다(딤후 3:7-17). 네 번째 기능은 선교입니다. 그리스도의 명령을 따라 복음을 전파하고(마 24:14; 28:18-20; 막 16:15; 롬 10:14-5), 세상을 이롭게 하기 위한 사회봉사에 힘씁니다(눅 10:25-37).

문138. 교회의 일원이 될 수 있는 사람은 누구입니까?

답: 예수 그리스도의 생명을 가진 자만이 교회의 일원이 될 수 있습니다. 곧 중생하여 성부와 성자와 성령의 이름으로 세례를 받은 사람이 교회의 일원이 됩니다.

문139. 누가 교회를 지도합니까?

답: 교회는 목회자의 지도에 따라 신자가 동역합니다. 교회는 유기체로서 그 생명의 유지와 성장을 위한 조직을 갖습니다. 보이는 교회의 건강과 유지와 성장을 위하여 목회자에게 지도하는 권위와 책임이 주어졌습니다. 목회자는 성도가 봉사할 수 있도록 온전하게 하여 교회를 세우고, 성도는 목회자의 봉사를 통해 온전하게 되어 서로 봉사하며 교회를 세웁니다(엡 4:11-12).

문140. 교회의 직분은 어떠한 것입니까?

답: 교회의 직분은 직업이 아니라 소명입니다. 모든 신자는 그리스도의 생명을 가진 자들로서 모두가 거룩하며 함께 교회를 섬깁니다. 또한, 성령은 교회의 질서와 유지와 건강과 성장을 위해 지도자를 임명하십니다(막 3:14-15; 눅 10:1; 행 9:15; 14:23). 특별히 교역자는 말씀 연구와 교육, 말씀 선포하는 일과 중보하고 기도하는 영적인 일에 집중하고(행 6:1-4), 평신도 사역자는 교회를 돌보는 실무적 일들을 성실히 수행하여 교회를 세우는 일에 함께 힘씁니다(행 6:1-6). 교역자는 성도를 온전하게 하는 자들로서 권위를 가지며, 성도는 교역자를 통해 온전하게 되어 봉사하는 자로서 교역자의 권위를 존중합니다(엡 4:11-12).

문141. 교회의 헌금생활은 어떻게 합니까?

답: 성도는 소득의 온전한 십일조와 각종 헌금을 감사함으로 교회에 드립니다(말 3:8-12; 마 23:23; 고후 8:3-5; 9:2). 또한, 선교와 구제와 선한 일들을 위해 헌금합니다(행 4:34-37; 11:29-30; 롬 15:25-27; 16:1; 고후 8:1-9:15; 빌 4:10-19). 헌금은 온전히 하나님께 드려진 것으로서 그에 대해 평가하거나 권리를 주장할 수 없습니다(마 26:6-13; 눅 7:36-50; 요 12:1-8; 행 4:34-35, 37). 드려진 헌금은 교역자의 사역(고전 9:7-15)과 드려진 목적에 정확히 사용되어야 하고(행 11:29-30; 고후 8:4), 그 과정은 정결해야 합니다(삼상 2:12-17, 27-34; 3:12-14). 감사로 드리는 합당한 헌금에는 풍성하게 공급해 주시는 은혜의 열매가 약속됩니다(고후 9:6, 8, 10; 빌 4:19).

문142. 교회 내의 다툼과 분쟁은 어떻게 해결합니까?

답: 교회 내에서는 분쟁하지 말아야 합니다(고전 1:10; 2:3; 12:25; 갈 5:20; 딤전 6:4). 당사자와 교회에 유해한 명백한 죄악의 경우에는, 당사자를 위하고 교회에 덕을 끼치는 원칙을 갖고 교회 내의 절차를 따라 해결합니다(마 18:15-17). 개 교회가 자체적으로 해결하지 못하는 다툼의 경우는 교단의 절차에 따라 처리하고, 그 결과에

순복합니다(행 15:1-31). 교회 안의 다툼을 세상으로 가져가는 일은 부끄러운 일입니다(고전 6:1-6). 오히려 그리스도의 몸 된 교회의 덕과 명예를 위해 자신의 손해를 감수하는 것이 더 나은 일입니다(고전 6:8). 성도들은 교회의 명예와 권위와 능력을 인정하고, 누리며 살아야 합니다(마 18:18-20).

✝

만인제사장직

문143. 제사권이란 무엇입니까?

답: 제사권은 하나님과의 화해를 위한 제사를 드리는 제사장의
권한입니다.

문144. 신약의 대제사장은 누구입니까?

답: 신약의 대제사장은 하나님의 아들 예수 그리스도이십니다.
그는 세상 죄를 지고 가는 하나님의 어린양으로서(요 1:29), 자기
목숨을 인류의 속죄를 위한 제물로 십자가에 바치셨습니다(막
10:45; 히 7:27).

문145. 예수 그리스도 외에 다른 중보자가 있습니까?

답: 예수 그리스도만이 인류의 속죄와 하나님과의 화해를 위한 유일한 중보자이십니다. 예수께서 십자가에서 희생제물로 죽으심으로써 인간의 모든 죄를 위한 속죄가 단번에 이루어졌습니다(히 9:1-10:22).

문146. 예수 그리스도의 속죄는 어떤 결과를 가져다주었습니까?

답: 예수 그리스도의 속죄로 인류는 하나님과 화해하고 하나님을 섬길 수 있고(히 9:14), 하나님께 나아가 때를 따라 돕는 은혜를 받을 수 있습니다(히 4:16; 10:19-22).

문147. 예수 그리스도의 제사장 사역은 중지되었습니까?

답: 예수께서는 항상 제사장으로 계십니다(히 7:3). 그는 부활 후 하늘에 들어가셨고(히 9:24) 인류를 위하여 항상 하나님 앞에 나타나시고(히 9:24), 항상 살아서 인류의 구원을 위하여 간구하십니다(히 7:25).

문148. 모든 그리스도인의 제사장 됨은 어떤 의미입니까?

답: 모든 그리스도인은 예수의 피를 힘입어 성부하나님께 직접 나아갈 수 있습니다. 다른 인간 제사장이나 사제가 필요하지 않고, 직접 사하심을 받고, 기도할 수 있고, 예배할 수 있습니다(히 4:16; 10:19-22). 또한, 그리스도인은 섬김(diakonia)으로 부르심을 받아, 특히 세상에 복음을 전하여 모든 백성을 하나님께로 인도합니다. 이러한 선교적 직무 안에서 모든 그리스도인은 거룩한 제사장입니다(벧전 2:4-5, 9).

✝

대 교리문답 14.

성례전

문149. 성례전이란 무엇입니까?

답: 성례전이란 예수 그리스도께서 성도를 위해 은혜의 수단으로 직접 세우신 거룩한 예전입니다. 성례전은 하나님의 은총을 기념 ('아남네시스')하며, 확증하고, 세상에 증거하는 거룩한 표지입니다.

문150. 개신교 일반에서 인정하는 예수께서 직접 세우신 성례는 무엇입니까?

답: 세례와 성찬입니다.

문151. 성례전의 효과는 어디에서 옵니까?

답: 성례전의 효과는 성례를 성례되게 하시는 하나님으로부터 옵니다. 그것을 집행하는 자의 경건이나 의도에 의지하지 않습니다. 성례가 거행될 때 기계적으로 스스로 효과가 나타나는 것도 아닙니다. 성례전의 효과는 성령의 역사와 하나님의 말씀이 성도의 믿음과 결합할 때 나타납니다.

문152. 세례의 성례전적 의미는 무엇입니까?

답: 세례는 교인이 회개하여 그리스도의 이름으로 죄 사함을 받아 중생함으로 말미암아 교회에 속함을 표하는 입교 예식으로서 그리스도께서 제정하신 성례입니다. 또한 세례는 하나님의 은총의 수단으로서 세례를 통해 죄에 대해 죽고, 새 생명으로 삶에 대한 확증을 얻게 됩니다.

문153. 교회의 입교 의식으로서의 세례는 어떻게 시작되었습니까?

답: 세례는 예수께서 제정하시고 거행하라고 명하신 성례입니다 (마 28:18-20). 이에 따라 교회는 예수 그리스도의 이름으로 세례

를 베풀었으며(행 2:38, 41; 8:16; 10:48; 19:5), 아버지와 아들과 성령의 이름으로 세례를 주라고 하신, 부활하신 예수님의 명령에 따라 삼위일체 하나님의 이름으로 세례를 주었습니다(마 28:19).

문154. 성례전으로서 물세례는 무엇의 표지입니까?

답: 세례는 새 언약의 표지입니다. 세례는 예수 그리스도로 말미암아 죄를 씻을 뿐만 아니라(행 22:16), 그의 죽음과 부활에 동참하는 것이고(롬 6:3-5; 골 2:12), 회심과 용서받음과 깨끗하게 되는 것이고(히 10:22; 벧전 3:21; 행 22:16), 성령의 선물을 받는 것이고(행 2:38; 10:44-48; 19:5-6), 그리스도의 몸에 편입되고(엡 4:4-6), 하나님의 나라에 들어가는 표지입니다.

문155. 성찬의 성례전적 의미는 무엇입니까?

답: 성찬은 우리의 속죄제물 되신 예수 그리스도의 살과 피, 곧 예수 그리스도의 희생을 기념하고 우리의 구원을 감사하고 경축하기 위하여 떡과 포도주를 받는 예식으로서, 그리스도께서 제정하신 성례입니다(마 26:26-30). 그리스도는 친히 성찬을 거행하셨을 뿐만 아니라, 제자들에게 성찬을 명령하셨습니다(눅 22:19; 고전

11:23-26). 교회는 예수 그리스도의 모범과 명령에 따라 성찬을 거행해 왔습니다.

문156. 성찬의 하나의 떡과 하나의 잔이 의미하는 바는 무엇입니까?

답: 성찬의 하나의 떡과 하나의 잔을 성도와 나눔을 통해, 그리스도의 몸에 참여하고(고전 10:16), 교회의 하나 됨을 확인하는 것입니다(고전 10:17).

문157. 성찬의 의미를 표현하는 개념은 무엇입니까?

답: 성만찬의 의미를 표현하는 개념에는 축사, 교제, 기념, 축제, 희생, 임재가 있습니다. 축사는 구속의 축복에 대한 엄숙한 감사기도입니다. 교제는 하나님과 성도, 성도와 성도, 상호 간의 교제입니다(고전 10:16). 기념은 예수의 죽음과 부활을 기념하는 것입니다(고전 11:26). 희생은 구약의 희생제사를 대신하여 예수께서 단번에 십자가에서 이루셔서 더 이상 피 흘림의 제사가 없게 하신 온전한 희생제사에 대한 감사와 찬양입니다(히 10:19-22; 13:10-15). 임재는 식탁의 주인이신 예수 그리스도께서 함께하시는 것입니다(요 6:48).

문158. 성찬은 은총의 수단입니까?

답: 성찬은 은총의 수단입니다. 성찬은 예수 그리스도의 성육신과 고난이 의미하는 은혜를 받을 수 있는, 은혜의 표적과 인증입니다. 성도는 성찬을 통해, 앞으로 도래할 천국을 미리 맛볼 수 있으며, 성도 모두가 그리스도 안에서 하나가 되는 사귐을 경험할 수 있습니다.

✝

세례

문159. 예수 그리스도와 연합이라는 세례의 의미는 무엇입니까?

답: 세례는 예수 그리스도와의 죽으심과 연합하여 옛사람을 장사지내고, 부활하신 그리스도와 함께 새 생명 안에서 일어나는 생명의 부활을 경험하는 확신의 행위입니다(롬 6:3-5).

문160. 교회와 연합이라는 세례의 의미는 무엇입니까?

답: 세례는 한 성령으로 말미암아 그리스도로 옷을 입어 인종, 사회적 지위, 성차별을 극복하고, 그리스도와 한 몸이 되는 것입니다(고전 12:13; 갈 3:26-29). 따라서 세례는 교회 공동체가 모인 가

운데 이루어지며, 공동체는 세례 받은 자를 그리스도의 장성한 분량에 이르기까지 양육해야 합니다.

문161. 중생의 표지라는 세례의 의미는 무엇입니까?

답. 세례는 중생의 씻음과 성령의 새롭게 하심의 표지입니다. 수세자는 이러한 세례를 통해서 새 사람, 새 인격, 새 생명으로 거듭났음을 확증합니다(행 2:38-41; 10:44-48; 19:5).

문162. 죄를 씻는 것이라는 세례의 의미는 무엇입니까?

답: 세례를 받고자 하는 사람은 먼저 철저하게 자기 죄를 고백하고, 마음과 삶이 변화되어야 합니다(행 2:38). 예수 그리스도의 이름으로 받는 세례는 죄를 씻는 표입니다(행 22:16). 세례의 씻음은 예수 그리스도의 보혈의 공로로 말미암아 용서함을 받은 이들이 악한 양심으로부터 벗어나(히 10:22), 성령 안에서 거룩함과 의롭다 하심을 얻게 합니다(고전 6:11). 물로 몸을 씻는 것처럼, 세례는 죄를 씻는 정결례입니다.

문163. 세례와 성령의 인침은 어떤 관계가 있습니까?

답: 세례는 성령의 임재와 인치심의 표입니다. 초대교회의 세례
받은 자들이 성령의 선물을 받았습니다(행 2:38). 고넬료의 가정은
성령이 임하시고 세례를 받았습니다(행 10:44-48). 에베소의 제자
들도 세례를 받고 안수를 받을 때 성령이 임하셨습니다(행 19:5-6).

문164. 세례의 대상은 누구입니까?

답: 세례는 자기 죄를 회개하고 예수 그리스도를 믿고 그에게 순
종할 것을 고백하고 약속하는 사람에게만 베풀 수 있습니다. 그러
나 후보자에게 필요한 기독교적 훈련을 하겠다고 보장하는 보호자
의 요청에 따라, 영유아와 유소년은 언약 안에 있으므로 그들에게
세례를 베풀 수 있습니다(고전 7:14).

문165. 세례의 방식은 무엇입니까?

답: 세례는 새 언약의 상징으로서 교회의 선택에 따라 물을 뿌리
거나 붓거나 물에 잠기는 방식으로 세례를 받을 수 있습니다(마
3:5-6, 16; 행 9:18; 10:47-48; 16:31-33; 고전 10:1-2).

✝
대 교리문답 16.

성찬

문166. 성찬은 예수 그리스도의 희생제사로서
어떤 의미를 갖고 있습니까?

답: 성찬은 예수 그리스도께서 십자가에서 단번에 이루신 대속
적인 희생에 믿음으로 연합하는 일입니다. 예수 그리스도께서는
자신의 살은 참된 양식이요, 피는 참된 음료라고 하셨습니다(요
6:53-58). 예수 그리스도께서는 십자가를 지시기 전 성찬을 나누
시면서 이 잔은 죄 사함을 얻게 하려고 많은 사람을 위하여 흘리는
언약의 피라고 하셨습니다(마 26:28). 우리는 믿음으로 성찬에 참
여함으로써 예수 그리스도께서 우리 죄 대신 희생제사로 드려지셨
음을 기념하고, 그 죽음과 생명에 연합합니다.

문167. 기념(아남네시스)으로서의 성찬은 무엇입니까?

답: 예수께서 명령하시기를 성찬을 행하여 나를 기념하라(눅 22:19; 고전 11:24)고 하셨습니다. '기념'(아남네시스)은 성찬을 기억하고, 회상하며, 다시 새롭게 경험하는 것입니다. 성령의 능력으로 그때 거기에서 일어난 일을 지금 여기 그리스도의 몸 된 교회 성만찬 공동체에서 다시 새롭게 경험하는 은혜입니다.

문168. 성찬을 나누는 성도들의 함께 연합됨은 무엇을 말합니까?

답: 초대교회로부터 성찬예식에서 한 덩어리의 빵과 같은 잔의 포도주를 함께 나누는 것은 참여하는 사람들의 연합의 표지였습니다. 성도들이 예수 그리스도의 몸과 피에 '참여'(코이노니아, 고전 10:16-17)하여 연합함으로써 성도의 교통과 교제가 더욱 풍성해집니다.

문169. 하나님께 감사하는 예전으로서의 성찬은 어떤 의미입니까?

답: 예수께서는 떡을 가지시고 축복하시고(마 26:26), 잔을 가지시고 감사기도를 드리셨습니다(마 26:27). 이에 따라 초대교회는

성찬을 행할 때, 예수 그리스도의 희생을 통해 베풀어주신 구원의 은혜를 기뻐하며(행 2:46), 하나님을 송축하는 감사의 향연과 함께 성찬을 행하였습니다. 성찬예식은 이 감사와 송축이 담겨져 거행됩니다.

문170. 성찬을 통해 천국잔치를 미리 경험함은 어떤 것입니까?

답: 예수께서 마지막 만찬을 제자들과 함께하시면서, 하나님의 나라에서 그들이 예수님의 식탁에서 함께 먹고 마실 것이라고 약속하셨습니다(눅 22:30). 이 땅에서의 성찬은 주님의 몸 된 교회의 지체들이 천국에서 베풀어지는 천국잔치에 참여하여 주님의 식탁을 종말론적으로 미리 맛보는 것입니다. 성찬의 나눔 가운데 성령을 통하여 하나님의 나라를 맛보는 은혜가 있습니다.

문171. 성찬은 언제 거행합니까?

답: 성찬은 예수께서 직접 제정하시고, 제자들에게 베풀어주신 것입니다. 따라서 초대교회는 모일 때마다, 특히 주의 날인 주일에 모여 정규적으로 성찬을 거행했습니다. 교회는 성찬이 있는 예배를 힘써 거행해야 합니다.

문172. 성찬에 참여할 수 있는 사람은 누구입니까?

답: 성찬은 세례교인으로서 신앙 양심에 거리낌이 없는 사람은 누구나 참여할 수 있습니다(고전 11:27-33). 따라서 성찬에 참여하고자 하는 신자는 회개와 믿음으로써 자신의 신앙을 새롭게 해야 합니다.

✝

하나님의 나라

문173. 하나님의 나라는 무엇입니까?

답: 하나님의 나라는 예수 그리스도께서 선포하신 핵심 주제(막 4:26; 눅 4:43)로서, 하나님의 임재와 하나님의 통치를 의미합니다(눅 17:20-21).

문174. 예수 그리스도와 하나님의 나라의 관계는 무엇입니까?

답: 예수 그리스도는 지상 생애 동안에는 하나님의 나라 복음의 전파와 교육, 치유와 귀신 축출 등을 통해 하나님의 나라를 이 세상에 임하게 하셨습니다(마 12:28). 현재에는 자신의 십자가 죽음과

부활로 세상에 허락하신 성령과 말씀과 교회를 통해 하나님의 나라를 이 세상에 임하게 하십니다(행 1:8). 미래에는 자신의 재림과 심판과 구원을 통해, 하나님의 나라를 이 세상에 온전히 임하게 하실 것입니다(계 21:1-2).

문175. 하나님의 나라와 예수 그리스도 재림의 관계는 무엇입니까?

답: 하나님의 나라는 예수 그리스도의 재림 이후에 이 땅에 온전히 완성될 것입니다. 예수께서 자신의 사역으로 사단의 세력을 무력화하셨으나 사단은 이 세대에 아직 활동하고 있으므로, 인류는 여전히 죄와 병과 죽음의 굴레 속에 있습니다. 그러나 예수 그리스도께서는 재림하셔서 모든 악, 곧 사단과 귀신, 거짓 그리스도와 거짓 선지자와 불신자를 심판하실 것이고, 죄와 병과 죽음은 멸망하고, 궁극적으로 하나님의 나라가 이 땅에 온전히 도래할 것입니다(계 21:3-4).

문176. 하나님의 나라의 완성과 관련된 사건들은 무엇입니까?

답: 하나님의 나라를 완성하는 결정적인 사건은 예수 그리스도의 재림입니다. 예수 그리스도의 공중 재림(살전 4:16), 신자의 휴

거(살전 4:17), 큰 환란(마 24:21), 예수 그리스도의 지상 재림(계 19:11-16), 천년왕국(계 20:2-6), 대 심판(마 25:31-46; 계 20:11-15), 새 하늘과 새 땅(계 21:1), 신자의 온전한 구원(계 21:2-4), 만물의 회복(계 21:5) 등의 사건이 있을 것입니다.

문177. 하나님의 나라와 성령의 관계는 무엇입니까?

답: 성령은 하나님의 나라를 위해 역사하시고, 하나님의 나라를 실현하십니다. 예수 그리스도께서는 성령의 권능으로 하나님의 나라의 복음을 전파하셨고, 가르치셨습니다. 죄를 용서하셨고, 병을 고치셨고, 죽은 자를 살리셨고, 귀신을 쫓아내셨습니다(눅 4:14).

문178. 하나님의 나라와 신자와 교회의 관계는 무엇입니까?

답: 신자와 교회는 성령의 권능으로 이미 하나님의 나라 안에 있으며, 하나님의 나라 건설에 참여합니다. 신자와 교회는 성령의 임재와 통치 안에 거하는 삶을 경험합니다. 성령의 권능으로 하나님의 나라의 복음을 전파하고 가르치며, 예수 그리스도의 이름으로 병을 고치고 귀신을 쫓아냄으로써 하나님의 나라 건설에 참여합니다(막 16:15-18).

* 후주

1) "정경"(正經)은 기독교에서 신앙의 규범이 되는 내용을 기술한 성경으로, 헬라어 '카논'(κανών)을 번역한 어휘이다. '카논'은 곧은 막대기, 자, 규범을 의미하는데, 교부들은 이 용어로 기독교에서 경전으로 인정받는 책들을 지칭하였다.

2) "삼위"에서의 "위"는 "위격"(位格)의 헬라어 '후포스타시스'(ὑπόστασις), 라틴어 '히포스타시스'(hypostasis)는 근본적인 상태 또는 다른 모든 것이 있게 하는 기본이 되고 근원되는 실체를 가리킨다. 기독교 신학에서 위격은 삼위일체의 성부, 성자, 성령하나님의 세 위격을 언급할 때 다루어진다. 위격의 영어식 표현 '퍼슨'(person)은 라틴어 '페르소나'(persona)에서 비롯됐다.

3) "영화"는 인간이 부활하신 주님의 몸과 같은 거룩하고 영광스러운 상태가 되는 것으로 예수의 재림 시에 성도가 얻는 구원의 최종적 상태를 말합니다.

4) 목사, 전도사 같은 목회 사역자.

5) 장로, 권사, 안수집사, 집사 같은 평신도 리더.

6) 헬라어 '디아코니아'(διακονία)는 '섬김', '봉사', '직무'를 의미한다. 같은 어원에서 '사역자, 일꾼, 집사'인 '디아코노스'(διάκονος)가 쓰였다.

7) 헬라어 '파스카'(πάσχα)는 유월절을 의미하는 단어로서 구약에서 유월절을 뜻하는 히브리어 '파사흐'에 대한 아람어 '파샤'의 음역이다. 이 용어는 기독교의 부활절에도 공히 적용되는 용어로 쓰여, 기독교에서 사용할 때에는 예수 그리스도의 수난과 죽으심과 부활을 기념

한다는 의미로 사용된다.

8) 고전 5:7–8 "너희는 누룩 없는 자인데 새 덩어리가 되기 위하여 묵은 누룩을 내버리라. 우리의 유월절 양 곧 그리스도께서 희생되셨느니라. 이러므로 우리가 명절을 지키되 묵은 누룩으로도 말고 악하고 악의에 찬 누룩으로도 말고 누룩이 없이 오직 순전함과 진실함의 떡으로 하자."

9) '아남네시스'(ἀνάμνησις)는 과거의 어떤 사건을 의도적이고 능동적인 방법을 통해 확실히 기억해 내고 기념하여 현재 다시 새롭게 경험하는 것을 의미하는 헬라어 단어이다.

10) '코이노니아'(koinonia)는 나눔, 또는 친교를 뜻하는 헬라어 '코이노니아'(κοινωνία)를 영어식으로 표기한 낱말이다. 이 낱말은 신약성경에서 그리스도를 믿는 사람들의 나눔과 친교를 말하는, 교회 공동체의 이상적인 상태에서 자주 쓰인다. 바울은 고전 10:16–17에서 '코이노니아'를 교회가 성찬에서 예수 그리스도의 몸과 피에 참여하는 것으로 이해한다.

11) '유카리스트'(eucharist)는 감사, 특히 하나님 은혜에 대한 감사를 뜻하는 헬라어 '유카리스티아'(εὐχαριστία)에서 나온 예배 용어로, 1세기부터 교회의 성찬을 지칭해 온 성찬 용어이다.

기독교대한성결교회

신앙고백서 및 교리문답서

발행일 _ 1판 1쇄 2021년 8월 16일
지은이 _ 신앙고백서 및 교리문답서 발간위원회
발행인 _ 설봉식
편집인 _ 송우진
책임편집 _ 전영욱
기획/편집 _ 이우섭 강영아 장주한
디자인/일러스트 _ 권미경 하수진
홍보/마케팅 _ 이상욱 김효진
행정지원 _ 조미정

펴낸곳 _ 도서출판 사랑마루
서울시 강남구 테헤란로64길 17(대치동)

대표전화 TEL (02) 3459-1051~2/ FAX (02) 3459-1070
홈페이지 http://www.eholynet.org, http://www.ibcm.kr
등록 2011년 1월 17일 등록번호/ 제2011-000013호
ISBN 979-11-90459-13-6 03230
가격 9,500원